『かわいそうなぞう』を手がかりに

幼児期の劇づくりと平和教育

おちあいみさお
Ochiai Misao
+新田保育園
渡辺弘純
Watanabe Hirozumi

ひとなる書房

はじめに

スウェーデンの社会思想家・教育学者エレン・ケイは、二〇世紀は「児童の世紀」になるであろうと宣言しましたが、結果として「戦争の世紀」になった二〇世紀の最後の年、二〇〇〇年は、国連の「平和の文化国際年」でした。その後の十年、二一世紀の最初の十年、二〇〇一年から二〇一〇年までは、「世界の子どもたちのための平和と非暴力の文化十年（平和の文化十年）」でした。その次の年、二〇一一年三月十一日、東日本大震災と大津波、そして、原子力発電所の悲惨な事故が、わが国を襲いました。第二次世界大戦直後の廃墟のなかでの日々に、大震災・大津波・原発事故を重ねて、子どもたちの未来へと想いを馳せた人も少なくなかったと思われます。私たちは、これまでを振り返りつつ、現在の自分自身の暮らし方や未来について、そして、子どもたちとともに創る教育について、平和について、もう一度考えを深めるべき時期にきているのではないでしょうか。

幼児期の平和教育というとき、最もよく取り上げられてきたのは、絵本『かわいそうなぞう』（つちや他、1970）であったと思います。そして、幼児の劇づくりにおいて、平和教育の教材として何度も取り上げられてきたのも『かわいそうなぞう』でした。京都の小学校での劇づくりに学んで、松原多恵子さんが、広島の幼稚園年長組での『かわいそうなぞう』の劇づくりを、第十六回全国保育問題研究集会（一九七五年度）で報告（季刊保育問題研究五十六号、1976）して以来、全国各地の保育の場で取り組まれるようになったのでした（藤井編、1978／宗藤編、1982／全国保育問題研究協議会、2001）。

ここで取り上げる新田保育園の実践も、松原さんの報告に感動して、『かわいそうなぞう』の劇づくりに取り組んだ園の三十五年間の足跡と現在です。

新田保育園では、『かわいそうなぞう』を生活発表会で何度も繰り返し上演しました（表1）。父母からの絶賛ともあいまって、当初この劇づくりは、年中行事として「百回公演まで」（父母の感想）継続するかにみえました。ただし、多様な来訪者の反応に応えて、毎年舞台装置や音響が変更され、しだいにほどよく抑制された劇に変わっていった事実はありました。しかし、マスコミの報道や時代的背景の変化のなかで、『かわいそうなぞう』の劇は、同じ「ぞう」が出てくる劇でも、『そして、トンキーもしんだ』（たなべ他、1982）の劇に、そして、『ぞうれっしゃがやってきた』（小出他、1983／清水他、1989）の劇へと展開していきました。最近では、この「ぞう」からも離れ、一昨年（二〇一〇年）は、『龍の子太郎』（松谷、1960）を、昨年は『へえ六がんばる』（北他、1972）を上演しています。

『かわいそうなぞう』ほど、平和教育の素材として、全国で繰り返し劇づくりに取り上げられた

表１　生活発表会において上演された年長児の劇の演目一覧

年　度	劇	年　度	劇
1976（昭和51）	かにむかし	1994（平成６）	かわいそうなぞう
1977（昭和52）	かわいそうなぞう	1995（平成７）	ぞうれっしゃがやってきた
1978（昭和53）	かわいそうなぞう	1996（平成８）	ぞうれっしゃがやってきた
1979（昭和54）	かわいそうなぞう	1997（平成９）	かわいそうなぞう
1980（昭和55）	かわいそうなぞう	1998（平成10）	かわいそうなぞう
1981（昭和56）	かわいそうなぞう	1999（平成11）	かわいそうなぞう
1982（昭和57）	かわいそうなぞう	2000（平成12）	かわいそうなぞう
1983（昭和58）	そして、トンキーもしんだ	2001（平成13）	ぞうれっしゃがやってきた
1984（昭和59）	そして、トンキーもしんだ	2002（平成14）	黄金のかもしか
1985（昭和60）	そして、トンキーもしんだ	2003（平成15）	チロヌップのきつね
1986（昭和61）	そして、トンキーもしんだ	2004（平成16）	ぞうれっしゃがやってきた
1987（昭和62）	そして、トンキーもしんだ	2005（平成17）	半日村
1988（昭和63）	かわいそうなぞう	2006（平成18）	ぞうれっしゃがやってきた
1989（平成元）	エルマーの冒険	2007（平成19）	ともだちや
1990（平成２）	ぞうれっしゃがやってきた	2008（平成20）	ぞうれっしゃがやってきた
1991（平成３）	ぞうれっしゃがやってきた	2009（平成21）	にじいろのさかな
1992（平成４）	ぞうれっしゃがやってきた	2010（平成22）	龍の子太郎
1993（平成５）	そして、トンキーもしんだ	2011（平成23）	へえ六がんばる

絵本はなかったと思われる一方で、『かわいそうなぞう』ほど、徹底的な批判（中島、2006）にさらされた幼児期の劇づくりはなかったのではないかと思われます。

この本では、次のような流れに位置づけて、新田保育園での『かわいそうなぞう』の劇づくりの実践を追うことにしました。

第1章では、戦後、どのような背景のもとで、「いのち」を大事にすることを基盤に据えた新田保育園が生まれてきたのかについて概観しました。まず、江戸時代（元禄四年）に始まった別子銅山の歴史を素描しました。ついで、戦後、別子銅山で働く人々の社宅から誕生した保育園の歴史を振り返りました。

第2章では、平和のまばゆいばかりの光のなかで、新しいいぶきを運んでくれた生活発表会と劇づくりについて、すなわち、『かわいそうなぞう』の劇づくり前史について、新田保育園と『かわいそうなぞう』との出会いまでを述べました。

第3章では、初期の新田保育園での『かわいそうなぞう』の具体的な劇づくりの実践について、担当した保育者による全国保育問題研究集会での報告を転載しました。また、当時の脚本集を収録（本書巻末）するとともに、全国集会での発表の三十年後の記憶も載せました。さらに、同時代の新任保育者が、劇づくりを、現在の地点から振り返った一文も入れました。

第4章では、新田保育園での劇づくりについて、世の中の動向とも関連させながら、『かわいそうなぞう』から『そして、トンキーもしんだ』への転換、さらには『ぞうれっしゃがやってきた』へと変化していった日々を、追っていきました。ついで、「ぞう」の劇の一つの到達点とも考えられる『ぞうれっしゃがやってきた』について、劇づくりを担当した保育士の手によって、脚本や子どもたちの反応を含めて、その当時のままに収録しました。その上に立って、三つの「ぞう」の劇づくりの問題点や困難さと積極的な側面について論じました。

第5章では、締めくくりとして、当初は主任保育者として、後には園長や社会福祉法人理事長として関わった著者が、新田保育園の劇づくりについて、思い出すままに語ることにしました。これを受けて、新田保育園の外側から劇づくりの実践を見続けてきた著者の視点から、新田保育園における劇あそびや劇づくりの実践の特徴を論じました。

「劇は総合芸術である」と言われますが、保育実践における劇づくりは「総合保育」とでも言え、そのなかには、その時期の子どもたちの発達の姿の全体像が現れてしまいます。新田保育園は、この全体像のなかの、どのような側面に焦点を当てて実践を行っているのか、少なくとも自覚しておく必要があると思っています。多くの園では、通常は、年少児からの劇あそびの年長児における発展の一つとして、劇づくりが位置づけられています（田川、2004）。新田保育園でも、五歳児の劇づくりは四歳児以下の劇づくりや劇あそびの発展として位置づけられていますが、ここでの四歳児以下の劇づくりや劇あそびは、おもしろさと楽しさだけを追究する「あそび」とは様相を異にしています。新田保育園の生活発表会における劇あそびや劇づくりは、子どもたちに楽しさや喜びをふんだんに味わわせつつも、○歳児でも、一歳児でも、二歳児でも、三歳児でも、四歳児でも、五歳児でも、子どもたちのまなび（学習）の到達点の、父母や地域の人たちへの発信なのです。さらに言えば、それぞれの子どもたちの発達しつつある姿を、保育者たちと父母たち、そして地域の人たちが共有しようとする営みなのです。

以上の『かわいそうなぞう』の劇づくりの展開を受けて、

第6章では、今日の幼児の平和教育の課題と関連づけて、新田保育園における『かわいそうなぞう』の劇づくり実践について、外部からの論評が展開されます。すなわち、『かわいそうなぞう』の劇づくりは、平和学（ガルトゥング・藤田編、2003／ガルトゥング、1991／心理科学研究会編、2001／いとう、2011）にいう直接的暴力を否定する消極的平和教育実践、あるいは直接的平和教育実践ですが、劇づくりの過程に、構造的暴力を否定し、構造的平和へと向かう積極的平和教育実践、別の言葉でいえば、平和の文化を創る営みが、その基盤にあるかどうか、そして、それが幼児期の子どもにふさわしい形で展開されているかどうかが、幼児期の平和教育すなわち劇づくりの成否とその帰趨《きすう》をうらなうものになる、と指摘されました。

この本において、新田保育園での劇づくりを、完成された幼児期の平和教育の典型例として示そうとしたわけではありません。絶賛と同時に示された批判に対する保育者たちの揺れと戸惑いを読者と共有し、これからの方向をともに考えていきたいと思います。そのことを意識したので、「ぞう」の実践について、重複を恐れず、あえて重ねて示したりもしました。さまざまな問題が、解決済みの問題としてではなく、今後に解決が委ねられている課題として、疑問として、私たちの前に提出されています。今日の幼児期の平和教育における討論課題を提起して、この小さな本を閉じることにしました。

最後に、補章として、昨年上演した最も新しい『へえ六がんばる』について、劇づくりの過程と、そのなかで現われた、保育者と子どもたち、あるいは子どもたち同士の交わりを記録することにしました。新田保育園の劇づくりの近況報告になればよいと考えたからに他なりません。

なお、付録として、二〇〇〇年の生活発表会における『かわいそうなぞう』及び二〇一一年の生活発表会における『へえ六がんばる』のＤＶＤを付けました。音声などが多少不鮮明なところもありますが、子どもたちの真剣な取り組みを直に感じ取っていただければ幸いです。

二〇一二年三月十一日　大震災と大津波、そして原発事故から一周年の日に

著者一同

いとうたけひこ「ワークショップ45平和心理学を創る（1）平和心理学の歴史と今日の課題」『日本心理学会第七十五回大会発表論文集』二〇一一年、WS二三頁
ガルトゥング／高柳先男・塩屋保・酒井由美子訳『構造的暴力と平和』中央大学出版部、一九九一年
ガルトゥング・藤田明史編著『ガルトゥング平和学入門』法律文化社、二〇〇三年

北彰介 作／箕田源二郎 絵『へえ六がんばる』岩崎書店、一九七二年
小出隆司 作／箕田源二郎 絵『ぞうれっしゃがやってきた』岩崎書店、一九八三年
清水則雄・小出隆司・藤村記一郎『ぞうれっしゃよ走れ—みんなの胸から胸へ』労働旬報社、一九八九年
心理科学研究会『平和を創る心理学—暴力の文化を克服する—』ナカニシヤ出版、二〇〇一年
全国保育問題研究協議会編『子どもの心に平和の種子を—乳幼児期の平和教育—』新読書社、二〇〇一年
田川浩三・兵庫保育問題研究会編『ごっこ・劇遊び・劇づくりの楽しさ』かもがわ出版、二〇〇四年
たなべまもる 作／梶鮎太 絵『そして、トンキーもしんだ』国土社、一九八二年
つちやゆきお 文／たけべもといちろう絵『かわいそうなぞう』金の星社、一九七〇年
中島常安 幼児期の平和教育の課題～直接的平和教育と間接的平和教育をめぐって『心理科学』第二十六巻第二号、二〇〇六年、五九～七三頁
藤井敏彦編著『幼児期の平和教育』ささら書房、一九七八年
松谷みよ子・朝倉摂『新装版絵本 たつのこたろう』講談社、二〇一〇年（松谷みよ子『龍の子太郎』講談社、一九六〇年）
松原多恵子「『かわいそうなぞう』を通しての幼児の平和教育」『季刊保育問題研究五十六号』全国保育問題研究協議会、一九七六年、一五～三八頁
宗藤尚三編著『子どもの心に平和のとりでを—幼・低学年と両親への平和教育』汐文社、一九八二年

もくじ　幼児期の劇づくりと平和教育

第5章 新田保育園の劇づくり

第1章

別子銅山の鉱山住宅に生まれた保育園

おちあいみさお＋新田保育園

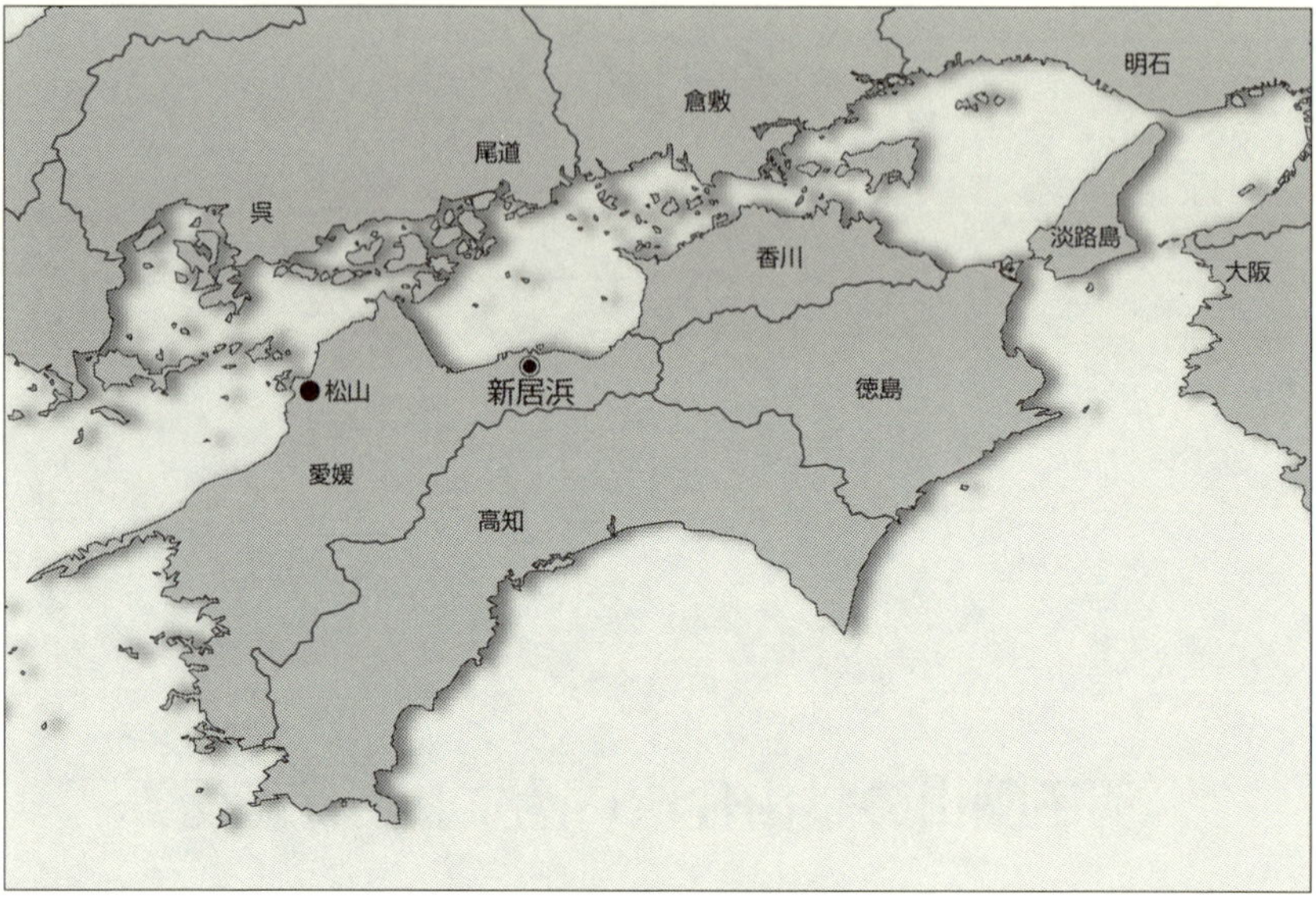

私たちの新田保育園は、愛媛県の新居浜市にあります。新居浜市は、瀬戸内海に面した四国側のほぼ中央にあり、瀬戸内海を挟んで、中国側の尾道と対面しており（地図参照）、別子銅山によってつくられた街だということができます。最盛期に比べると、産業の空洞化もあり、人口も減って約十二万五千人になっていますが、現在もなお、沿岸地帯は帯状に工場群が並び、四国有数の臨海工業都市になっています。市のホームページには、『あかがねのまち、笑顔輝く』『産業・環境共生都市』という言葉が掲げられています。

本章では、まず、別子銅山の歴史を素描し、次いで、戦後、銅山の鉱山住宅に誕生した保育園について述べることにします。そして、最後に、その後の保育園の歩みを、園開設当初から関わった私（おちあい）の足跡と重ねて記することにします。

1　別子銅山の開坑から、隆盛期を経て、閉山へ

別子銅山は、かつては、足尾銅山（栃木）、日立銅山（茨城）と並ぶ日本三大銅山の一つとして栄え、一時期は世界最高の産銅量を誇ったこともありました。この銅山が閉山してから三十九年が経過しました。いま、鉱山跡地は、近代産業遺産として注目され、石見銀山がユネスコの世界遺産（文化遺産）になったこともあり、世界遺産登録へという声さえ出るくらいです。東洋のマチュピチュと称し、マイントピア別子として、観光開発も進められています。閉山後の植林により、緑濃い自然の中に、苔むした産業遺跡がひっそりと佇んでいる光景があり、山や自然の愛好者が行き交う憩の場ともなっています。まさに、「夏草や　つわものどもが　夢の跡」（芭蕉、四十六歳、一六八九（元禄二）年作）の風情があります。

住友グループ広報委員会のホームページは、「住友グループの歴史は、別子銅山に源流があります」と記しています。住友財閥は、別子銅山によって始まり、築きあげられていったといっても過言ではないでしょう。また、古くは四阪島製錬所の煙害問題などを抱え、それを乗り越えてきた自負からか、「『事業発展のみではなく、社会の発展への貢献を目指す』という住友の事業精神に基づ

いて、長年、環境との共生を実現しました」とも記されています。

私の手元に、『別子三〇〇年の歩み』(住友金属鉱山、1991)があります。これによりながら、いましばし、別子銅山のはじまりを見ていくことにします。

別子銅山は、愛媛県宇摩地方にあり、川之江から三十キロメートル、新居浜から十五キロメートルの四国山脈の山中にありました。その発見者は、「切上り長兵衛」と呼ばれる人でした。一六九〇(元禄三)年六月、吉岡鉱山(岡山県)に赴き、駐在重役の田向重右衛門に「立川山の峰を越えた、赤石山系の南斜面(別子側)の幕府領の山中で、大露頭(地表に露出した鉱脈)が見える」と語ったそうです。

田向は、老練な鉱山経営者でありました。彼は、長兵衛が何気なくもらした言葉に、「これは、一度調べてみる価値がある」と、思ったのでありましょうか、すぐさまその年九月に手代の原田為衛門と山留(現在では、鉱山技師といったところか)の治右衛門、それに新居浜生まれで、当時吉岡鉱山で炭焼きをしていた松右衛門を案内人にして、現地調査に出かけました。

一行は、備後(広島県)鞆《とも》から船に乗り、伊予(愛媛県)の川之江に着き、代官所に銅鉱調査を届け出て、また大庄屋に入山の断りをした後、人跡未踏の山中をかき分けながら露頭にたどり着きました。露頭の下を掘ってみると、良質の銅鉱が確認されました。その時の記録にはありませんが、その喜びはあふれんばかりであったろうと想像されます。後に、歓喜坑と称された坑口は、この時の坑口で、その喜びを如実に表したものと思われます。

図1　別子鉱山鉱石による産銅実績

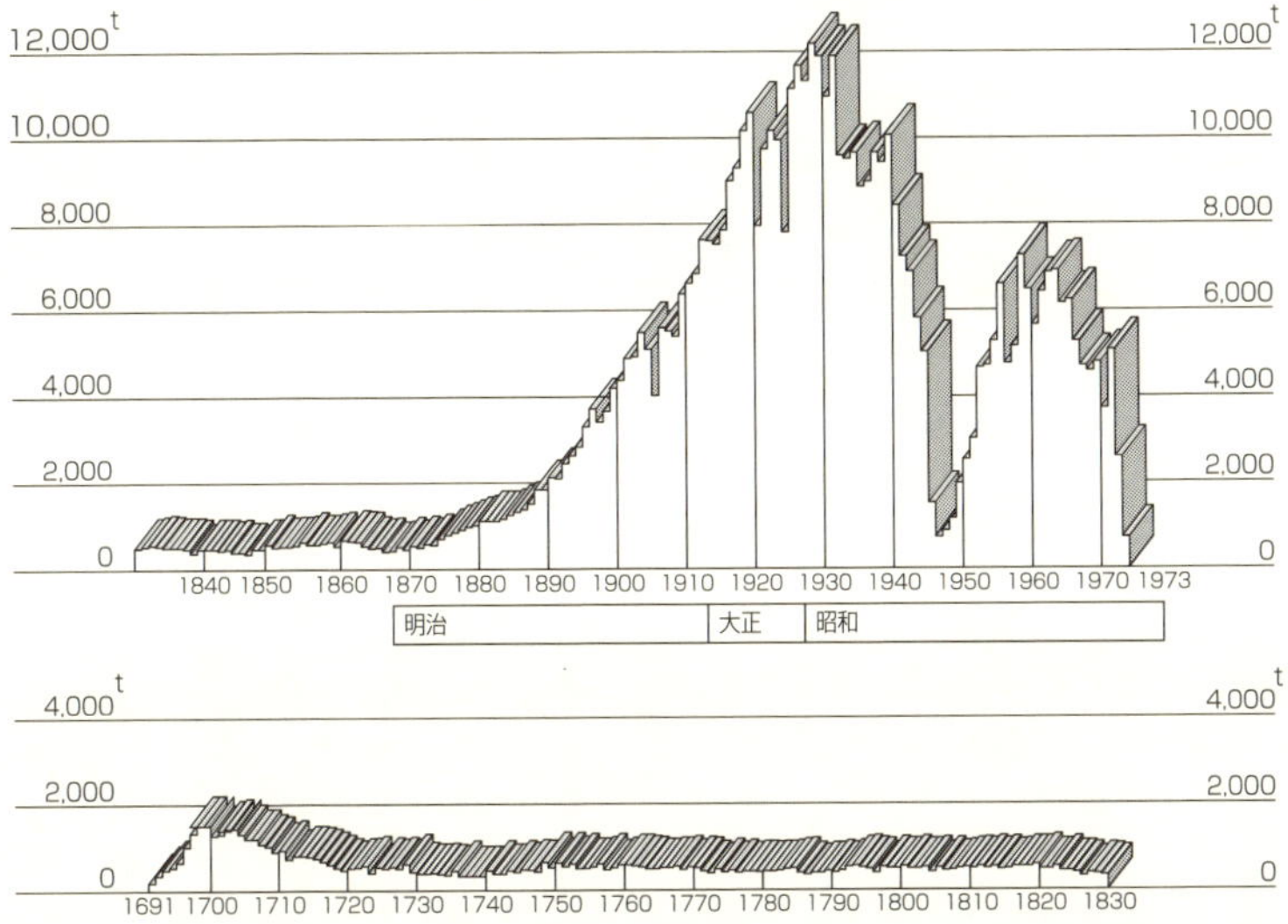

なお、この別子銅山には、住友の他に二人の出願人がありました。しかし、幕府はこれらの競願者を差し置き、当時すでに銅事業で財をなし、銅山の稼業に実積があり、資力も十分な住友に許可を与えたのでした。

別子銅山は、一九七三（昭和四八）年三月、二百八十三年にわたる稼業の幕を閉じました。この間に産出した銅量は、約六十五万トンに上ります。豊かな資源に恵まれた別子銅山は、わが国はもちろん、ある時期には世界でも有数の大銅山でした。

しかも、開坑から閉山まで三百年近くの長い間、民間の同じ住友の事業として経営されてきました。このようなことは、世界でも例がありません。

最初の採鉱は、海抜一千メートル以上の四国山脈の山中（旧別子山村、現在は合併して新居浜市に編入）でしたが、その一方で、最深部は海抜マイナス一千メートルにもなり、日本で人間が到達した最も深い場所となりました。この地下深い坑道の図も、『別子三〇〇年の歩み』に掲載されています。また、前頁の図1は、この本に掲載されている「別子鉱山鉱石による産銅実績」（二七四～二七五頁）です。大正時代から昭和初期にかけて（ピークは一九三〇年頃）の産出量が特に多いことがわかります。しかも、戦後においてもピーク（一九六〇年頃）があり、高度経済成長期を支えていたことが示されていることに驚かされます。元禄の世の一六九一年に開坑した銅山が、高度経済成長期が終わった年、第一次オイルショックの年に、その長い歴史を閉じることになったのは、「採掘地域が海面下約一千メートルの地中深部に達するに及んで、地圧の増大と地熱の上昇が著しく、ためにこれ以上の採掘は断念せざるを得ないものと判断され」（別子銅山記念館案内パンフレット）たからでした。

2　鉱山住宅に生まれた保育園

別子銅山の三百年もの長き繁栄を支えた労働者たちは、過酷な労働に従事していました。私の父親が入社した大正の終わり頃は、労働者たちは三交代制でした。

一の番、二の番、三の番と呼ばれていて、一の番は、現在のサラリーマンのように、朝出勤して夕方帰宅、二の番は、昼の二時頃家を出て夜中に帰宅、三の番は、夜の八時頃出勤して朝方帰宅、という状況でした。

住まいは、十軒一棟の長屋で、一軒につき、畳の部屋は六畳と三畳があり、加えて、畳三枚分ほどの入口兼台所がある社宅でした。一軒には平均、夫婦と子ども三人が住み、老人等がいる場合は、長屋の両端の家が畳二枚分ほど広いので、そこがあてられていました。私たちは、戦後の学校制度にならって、六・三の家などと呼んでいました。十軒長屋の中央には、「水場」と呼ばれる一メートル四方くらいのコンクリートの水溜があり、そこが十世帯の共同炊事場で、料理の下ごしらえや洗濯の場にもなっていました。「水場」で野菜や魚を洗い、それを家の台所へ持ち込み、かまどに火をおこして、家族のための食事の用意をするという算段でした。また、それぞれ五軒連なった端には、共同の男トイレと各家の女トイレがありました。夜は、薄明かりの中で用をたすので、子どもたちは怖くて、大人についていってもらっていました。幼い子が、家の前の溝に「たれ流し」の光景も特別なものではありませんでしたから、設立当初の新田保育園のしつけの第一歩は、「トイレで用を足す」でした。

こんな長屋は、一区から六区まであり、一区が十軒並びの九列になっていて、約六百世帯もの人たちがひしめいて住んでいました（次頁図2）。そんな状態なので、隣の声も筒抜けで、昼間、赤ちゃんや兄弟・姉妹がいると声が響き、夜勤の人も安眠できませんでした。母親たちは、背中に赤

図2　社宅（川口新田）、園舎（新・旧）付近図

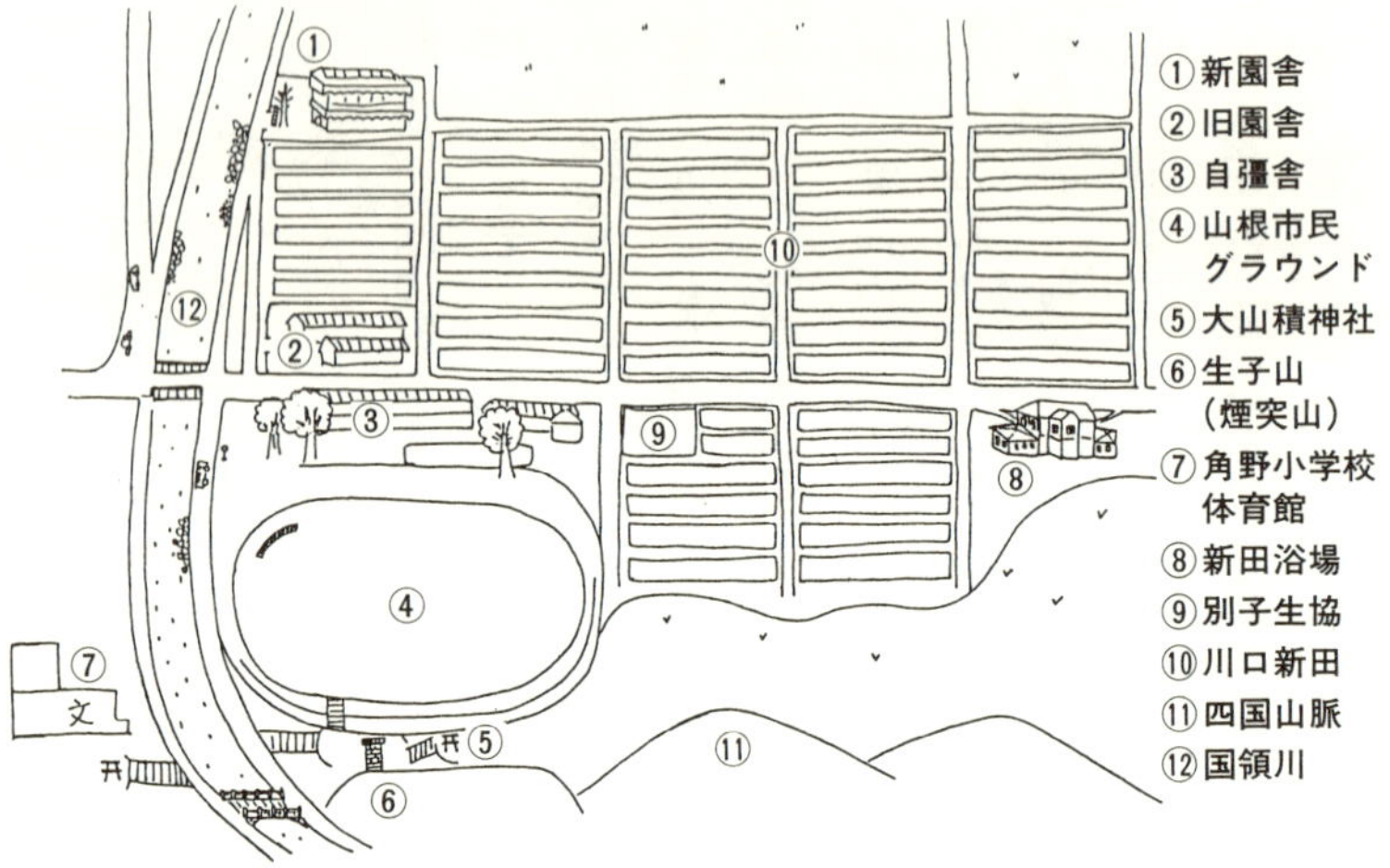

（『夢の砦』落合操＋新田保育園著、P16より引用）

ちゃんを背負い、両手に幼な子の手をつなぎ、狭い社宅の間をうろうろ歩くという状況でした。雨の日も雪の日もあり、何とかしなければという機運が高まっていきました。

　このような労働と居住の条件から、保育所が必要なことは明らかでした。そこで、初めは子どものためというよりも、労働者の働くための条件づくりの施設として、託児所から出発しました。自治会婦人部が中心となり、みんなの願いと会社の指導が重なって、終戦の翌年、一九四六（昭和二一）年四月には、新田託児所が開設されました。終戦後わずか八ヵ月のことでした。開設された場所は、新田浴場でした。戦後のことで、燃料不足のため、男湯だけが沸かされて、女湯が沸かされていなかったので、その女湯に開設されたのでした。その後、後に説明する自彊舎《じきょうしゃ》に移ったのですが、保育士たちの結婚や病気での退職のた

め、一年半か二年で自然消滅したといわれています。

ここで、新田浴場と自彊舎について、少し説明しておくことにします。

新田浴場は、川口新田倶楽部一階に大浴場として設置されました。川口新田倶楽部は、後の別子鉱業所支配人鷲尾勘解治の構想のもと、一九三〇（昭和五）年一月、別子銅山に働く社員とその家族のための集会や社交のための福利厚生施設として建設された木造二階建ての格式ある建物でした。二階には、娯楽室や理髪室もあり、入場者は、一日千五百人に上ったと言われています。現在、この跡地には、これも立派な新居浜市山根公園屋内プールが建設されています。また、自彊舎は、一九一二（明治四五）年、旧別子の風呂屋谷で、青年坑夫の教育が必要だと感じた鷲尾勘解治が私塾を開いたのが始まりで、一九二六（大正一五）年十一月、別子大争議の後、鉱山の施設として再興されたとのことです。一九二九（昭和四）年に、自彊舎内に夜間の実業自習学校が設立され、小学校卒業者に中等教育や専門教育を施し、後に多くの中堅幹部を輩出したと言われています。自彊とは、自ら努め励むという意味です。

託児所には、年長と年中の子どもが百三十人もおり、所長と三人の保育者（後に四人となる）で運営していたと言われていますから、「自然消滅」は、大変な事件だったと想像できます。その後、切実な父母の要求に押されてのことだと思いますが、労働組合・地域主婦の会・会社側の三者が一体となった形で保育所づくりが取り組まれました。

そして、一九四九（昭和二四）年十一月三日、新田保育所が開設されました。新田部落教育振興会設置、主任保育士福田敏子となっています。社宅の道路を隔てた北側に、先に述べた自彊舎の立派な建物があったのでしたが、その漬物倉庫を改修して新田保育所が誕生、年長二クラス、年中一クラスの計九十名での出発でした。時代の流れの中で、戦後、自彊舎は、若い独身社員の寮に変身していました。私たちは、独身寮の若者の冷やかしを背に受けて保育を開始したのでした。子どもたちの父母、労働者たちは、若々しく意気盛んで、情に厚く助け合いの精神に満ち満ちていました。この出発は、無認可保育所としてでしたが、翌一九五〇（昭和二五）年七月二十五日認可保育所となりました。設立者は真鍋武芳、所長兼務、主任保育士は無認可保育所時と同じ、となっています。

このようなうねりは、山奥の東平《とうなる》地区、端出場《はでば》地区の山手にある鹿森地区、立川地区にも広がり、各地域に保育所ができました。鉱石を島に運んで製錬する四阪島にも四阪保育所ができました。また、新田と同じ地域には、新田保育所と川をはさんで西側に、山根保育所ができました。

ここで、はるか先に飛びますが、その後の保育所の行く末について触れておきます。まず最初、東平保育所、次いで、鹿森保育所、そして、市立に移管していた立川保育所が、鉱山の閉山と運命を共にしました。四阪島の保育所も姿を消しました。山根保育所は、早い時期に市立に移管し、現在の市立角野保育園として残っています。閉山時には、新田保育所も十年経つとなくなるとうわさされていましたが、現在も社会福祉法人立新田保育園として健在です。

3　新田保育園と私との関わり

(1) 新田保育園に勤め始めた経緯

私の祖父も父も鉱山に勤め、この鉱山社宅の長屋に産声を上げ、幼い時代を過ごし、父の会社での職階の変化によって社宅を変わるという生活を過ごしていました。しかし、当初は、新田保育所との付き合いが始まるなどとは想像もできないことでした。それが、ふとしたことから、八十歳を過ぎてもなおという長い付き合いになってしまいました。

私は、戦後、一九四七年、地域の高等女学校を卒業し、約一年半ほどの間、夜間は洋裁学校へ通わせるという条件で、京都の叔母の家へ家事手伝いに行きました。まわりの友人たちは、住友五社と呼ばれていた、鉱山・機械・化学・共電・林業の事務職員に就職したり、小学校の代用教員に就職していました。そんななかで、私だけが叔母の世話になっていてもいいのだろうかと、自分に対して疑問を持つようになって、自宅のある新居浜へ帰ってきました。

帰った当時、保育所づくりで、県や町に提出する書類づくりに父親がかかわっていたこともあり、素人の私が、保育者三人の内の一人に指名されました。開設までの間、にわか仕込みでオルガンを習うことになり、指も動かず、苦労しました。

親たちの思いは熱く、子どもたちや園にそそがれていました。いったん鉱道の入口をくぐると、縦横何千尺の地下道に入り込んで、命をかけての作業ですが、陽の当たる場所での彼らは、明るくおおらかで、「先生、頼んだよ」と言われた時には、子どもの命を託されたように思えました。

(2) 落盤事故のこと

保育士になった頃の記憶として、落盤事故のことが胸に焼き付いています。

二〇一〇年、チリの落盤事故の映像が世界中に流され、世界の英知を結集して、地下に閉じ込められてから六十九日後に三十三人全員が救出され、心からの喜びにつつまれたことがありました。当時新居浜でも、子どもたちの父親が働く鉱山で、落盤事故や坑内火災がありました。その雰囲気は異様なもので、まるで社宅中が生き物のようでした。大人たちは、ヒソヒソと声を落とし、すべての息が一つになったようでした。子どもたちまで静まり返り、園内も静かな雰囲気にのみ込まれたようでした。救出決死隊が編成され、自分の夫がそれに選ばれるようなら、妻たちはお頭付きの魚を膳に乗せて、相手の無事と夫の無事を願いました。

男たちは手足に脚絆を捲き、ガスなどの充満に備えて、防毒マスクの姿。家族は、小さい子を背負い、両手に子どもの手を引いて、橋のたもとまで夜の八時だろうと見送ります。「気をつけんかいよ」とたった一言。女たちは、『明日、どーぞこの人を返してください』と天に願うばかりです。こんな時に、途中で会ったりすると、気をつけの姿勢で「先生、頼んだぞ！」と言った、男の方の声は今も忘れられません。言葉もなく、無言で頷いて無事を願っていました。

(3) 主任保育士となる

若い頃の私は、あまり自分の意志をはっきり表さず、親の事情や言う通りに過ごしてきました。新田保育所の開設時、所長は会社の役付きで、ご自分は会社に勤められていました。主任保育士は、将来カトリックの尼さんになることを希望されていた信者さんでした。保育士は、当時十八歳で最年少の私と、三つぐらい年上の地域の女性の二人でした。

開所翌年の一九五〇年七月二十五日、愛媛県の認可を受けた後、主任保育士は、ご自分が当時今治にあった保育士養成六ヵ月の課程で得た、音楽の楽譜ノート（その頃は、皆手書きの楽譜でした）とか、折り紙の見本帳など（それらは、後に愛媛県立保育専門学校に入学後とても役立ちました）などをすべてを私に託して、カトリックの尼さんになられるために横浜へ移られました。

もう一人は、身体が弱く、結核になられて、命を召されました。そんな状況の変化で、年若い私がいきなり主任保育士になり、資格のない後輩と子どもたちの責任を背負ってしまいました。当時、保育士資格は、現任訓練と称して、各県毎に講座を設定し、二年間の公認保育所経験と、その講座に出席することで、養成所卒業と同等の資格を取得することができました。後に国家試験で取得できる制度ができます。その後、後輩たちも順次有資格者となり、当初は所長も会社役員の方でしたが、専属の井出一恵所長が就任し、時代とともに保育所の内容が整ってきました。

若い身空で主任保育士の肩書が付いた私は、この地域の親たちの願いを背負って子どもたちに責任を持つことの重みをずしりと感じ、どう人生を切り拓けばいいのか悶々と考えていました。大好きな母は天に取られ、第二の母との関係にもなっていました。

(4) 新しい風に吹かれて……愛媛県立保育専門学校への進学とそこでの学び

戦後、保育の世界にも、新しい風が吹いていました。当時、愛媛県に新しい「保育理論」を掲げて、和田園枝先生がすい星の如く現れ、県下各地で、講義されていました。私もそこで学び、大きな刺激を受けていました。

私は、和田先生に相談してみようと、先生の自宅を訪ねました。先生は、私の話を真剣に受け止め、自分の母校（ランバス女学院―聖和女子大・聖和大学・現在の関西学院大学教育学部の前身）や友人副島ハマさんの出身校（京都の平安女学院―現在の平安女学院大学の前身）のいずれでも推薦すると言われました。しかし、京都の叔母の家で自由に学問ができるのか、経済は大丈夫かなどと考え込みました。そんな折、一九五三（昭和二八）年五月十五日に、愛媛県立保育専門学校（以下保専）が開校しました。

和田先生は、開校時保専の中心的教員になられましたが、「あんた保専へ来なさいや」と私に入学を勧めていたのでした。そこで、私は人生初めて自分の意志で、保育専門学校へ行きたい、と父に願い出て、一期生となったのでした。余談ですが、私が現職の主任保育士であることから、実技試験は「もういい、次の部屋に行きなさい」というように、ある種の恩恵を受けての入学でした。

保専の学習は、とっても新鮮に受け止めることができました。新しい風、新しい時代、新しい子どものとらえ方を学びました。地域から愛媛大学へ行っている先輩からは、「受け身ではダメだぞ、この先生と思ったら、食らいついて学べよ」とアドバイスを受けたりしました。保専の土台は、和田先生の理論を佐々木愛先生が実践して示してくださったように感じとりました。和田先生は、お茶の水女子大学の周郷博先生を呼ばれて、その「理論」を学生たちに学ばせたりもしました。現場での、子どものようすも理解できたし、考え方については、「うん、あそこは私の考えでいいんだな」とか、「へえ〜、今まで実行していたことは、何だったのか？」などと、重ね合わせることができたように思われました。だから、実習は少し遠くても、保専の講師で来られている先生の保育所に実習を頼み込み、多くを学び、貴重な体験もしました。

その時の大きな財産に、生活発表会との出会いがありました。「生活発表会」という名称も、当時としては新しく、また内容も一年間の保育の中味をつないで、子どもとともに作り上げ、子どもとともに表現し、育ちを見てもらうもの、と理解しました。

（5）再び新田保育園へ

今は亡き保専の恩師が、一期生の就職のこと、みんなの初任給のこと、その他一期生を世に送り出すのに、各種ご苦労もされた、と推測される出来事がありました。

私は保専時代、ずっと学校で学んでいたわけではありませんでした。在学中に、現在の船木保育園の開設に立ち会い、保育士としての仕事に就いたのでした。新田保育所のある角野町の隣の船木町に新しく保育所が開設されることになったのですが、認可の申請をする際に必要な有資格者がいませんでした。教職経験はあるが保育士資格はない方が、保育士として予定されていました。そこで、県も保専も頭をひねり、私の就職を条件として、私は実習、相手の方は私の有資格を使用するということにしたのでした。

これには、新田保育所が、私が保専へ入学した後、後輩を主任保育士として昇格させており、その人を押しのけて、保専卒業後、新田保育所へ帰るわけにはいかなかったという理由もありました。

保専を卒業して、私は船木保育所に就職しました。その後、市町村合併の波の中で、船木町・角野町など地域の町が合併して新居浜市となりました。このため、新居浜市立の公務員保育士として、自分の意思と関係なく他の保育所へ異動することなども経験しました。いろいろな経験をした後、今度は自分の意志でと考え、隣接する西条市の小松保育所へ異動しました。そこでは、わずか数カ月の間でしたが、町営住宅を支給され、所長先生の考えに共鳴するところもあり、先輩諸氏の保育士からも、さまざまなものを学びました。

その後、新田保育所所長の井出一恵先生の要請に応えて、一九五八年四月、五年ぶりで新田保育所に主任保育士として帰ることになります。

以下、今日までの歩みをごく簡単に時系列風に列挙しておくことにします。

一九六五（昭和四〇）年四月一日に、私は園長になりました。

一九七〇（昭和四五）年三月十四日から乳児保育を開始。これにより、園児の定員は、百二十名から九十名になりました。

鉱山が閉山したのと符合するように、一九七三（昭和四八）年には、障がい児保育（新居浜市指定）を開始しました。全国的にも先駆的なことでした。毎年十名近い障がい児とともに歩んだ日々もありました。鉱山の社宅が閉鎖されるので、園児が減少することが推測されましたが、保育実践の評価を聞きつけて、入園希望者が減ることはありませんでした。障がい児保育の実践は、『夢の砦―障害児と生きた鉱山の保育園の記録』（落合他、1987）として出版されました。

一九八三（昭和五八）年六月十三日、新田保育所は、鉱山の閉山に伴う方針として、住友鉱山から十二月三十一日までに立ち退くようにという通告を受けました。しかし、それまで多くの人びとの期待を背負って保育を続けてきた新田保育所を存続させようという声の高まりの中で、十一月十日に、隣接する代替地に移転して存続することが決まりました。

一九八五（昭和六〇）年四月二十五日社会福祉法人角野新田福祉会として厚生省認可を受けました。そして、新園舎を以前の新田保育園の隣接地に建築し、十二月二十二日には、新園舎でこけら落としの生活発表会を開催して祝いました。

一九八六（昭和六一）年一月一日、社会福祉法人角野新田福祉会新田保育園として設置認可されました。

一九八八（昭和六三）年九月七日から、私は社会福祉法人角野新田福祉会理事長（現在に至る）となり、園長と兼任することになりました。

二〇〇七（平成一九）年四月一日、新田保育園園長を田中真澄先生にお願いして、園長の任が解かれました。

落合操・新田保育園『夢の砦―障害児と生きた鉱山の保育園の記録』ひとなる書房、一九八七年
住友金属鉱山『別子三〇〇年の歩み』住友金属鉱山、一九九一年
新居浜市公式ホームページ（http://www.city.niihama.lg.jp/）二〇一二年三月八日閲覧
『別子銅山記念館案内パンフレット』一九七五年（昭和五十年）住友グループ各社共同で設立した博物館の案内パンフレット

第2章

おゆうぎ会から生活発表会へ

おちあいみさお

1　新田保育所開設時の「おゆうぎ会」

新田保育所の開設は一九四九（昭和二四）年の十一月でしたので、五ヵ月で年長児は卒園し、小学校へ入学していきました。

二年目には、愛媛県の認可を取得すべく、幅二・五間の細長い園舎でしたが、会社の協力ももらって、北側に一間拡張することになりました。そのために、幅二・五間の位置には何本もの角材の柱が残されました。

「おゆうぎ会」の舞台は、机を並べた上に畳を敷くというものでした。親たちは、仕事の合間に来園しては、子どもが舞台の上で飛んでも走っても動かないように、床に桟を打ち付けてくれました。バックには、黒い暗幕が張られ、そこに色紙で「おゆうぎ会」と配し、今思えば質素なものでした。

「おゆうぎ会」の内容は、日頃歌っている季節の歌、音楽合奏（リズム合奏）、グループに分かれての踊りでした。それらは、夏の季節講習会で習って来て、伝授するというものでした。

今も思い出されるのは、「♪廻す絵日傘～花ふぶき、ちょうちょもヒラヒラ来て踊る～」などと、年長の子どもたち六名ほどが、お祭りに着る子ども用振り袖の着物を着て、頭にリボンを飾り、踊り用の日傘を肩にかざして踊るというようなものでした。品よく首を傾げて所作をつけて踊る子、恥ずかしげにうつむいて踊る子、なかには棒のように突っ立って踊る子などさまざまでした。また、スカートの子どもたちは、「♪そそら、そらそら、うさぎのダンス」などと、クルリと廻ったり、飛んだり、跳ねたりして右へ左へ六人が移動して、レコード一枚踊り切っては、拍手に包まれたものでした。

六人と設定したのは、二間半の舞台の幅によるものでした。だから、三十名のクラスだと五組編成されて、保育士も五回別々の踊りを伝授する大変さがありました。一方親たちは、自分たちで作った保育所ということもあり、長屋ゆえ隣近所、子どもたちは顔見知りで育っていることもあり、「どうして、うちの子に着物を着せて踊らせてくれんのよ」と、率直な「注文」が直接届いたり、「先生、○○さんが言いよったよ」とウワサも届いたり、おまけに六百世帯の共同風呂での裸の付き合いのなかでは、保育所のようすがもれなく話題になるようでした。

子どもたちはといえば、そんなふうに踊ったりするのが大好きで、楽しそうに表現するのですが、なかにはシブシブ出てやったという子もいました。親たちの「注文」やウワサには、園長が対応することが多かったのですが、私たち保育士も、「だって、○○ちゃんこれするって言ったよ」などと、「子どもの意思」を大切にしたことを伝えました。歌やリズム合奏は、クラス全体で実施しました。

今振り返ると、踊り方を伝授された子どもたちは、受け身で、レコードの歌に合わせて習った通りに踊っていました。習い事では踊りのお師匠さんからは型通りの所作になるように何回も繰り返し教わると聞きますが、我々もその様式を保育の世界に持ち込んで、それが当り前のように考えていました。当時は、「教え込むこと」が主流を占めていたのだな、と思う次第です。

2　保育専門学校を卒業して、生活発表会を行うようになる

保育専門学校は、私たちが一期生だったので、なにもかも新しく創り上げるという、意気盛んな雰囲気を備えていました。専任の和田園枝先生が中心になられて、学科では「保育理論」を受け持たれていました。

世界の保育史、フレーベルやルソー、ペスタロッチなどの考え、また、日本の先駆者の考えに学びました。その中で、「生活発表会」については、新しい考え方として、次のように受け止めました。

・日常の保育のあり方の中から、舞台を創り出していく。
・それも、子どもたちとともに創りだしていく。

・表現も着る物も、キラビヤカな物ではなく、日常を表現していく。
・親には、観てもらうけれど、見せるものではない。
・題材も、子どもたちの発達に即したものでありたい、など。

私は保専の学びの中で、頭をぶん殴られたような思いがしました。先輩からは、「せっかく仕事を辞めてまで学ぶんだから、この先生と思ったら、追いかけてでも学ばないといけないよ」と教えられていました。

私がさまざまな遍歴を経て小松町にいるところに、当時新田保育所所長井手一恵先生が訪ねて来られ、「ぜひ、新田保育所に帰って来てほしい」と要望してくださいました。後輩の主任保育士が、結婚して隣の市へ行くので、主任保育士として帰って来てほしいとのことでした。自分から希望して勤めた小松保育所をわずか五ヵ月で辞めることになるので、もうしわけない気持ちも動きましたが、一九五八年四月、新田保育所に主任保育士として帰ってきました。

新田保育園に帰って、まずしたことは、「おゆうぎ会」から「生活発表会」への変身でした。園長も職員も私が学んできた新しいいぶきを汲み取ってくださいました。

3　初期の生活発表会で実施した劇づくり

それまで行っていた着物を着ての踊りや、頭にリボンをつけての踊りなどは中止しました。体でのリズム表現は、運動会に位置づけました。歌二曲とリズム合奏は、みんなの合意で残し、それに、劇づくりが加わりました。『アリババと四十九人の盗賊』『金太郎』『ぐりとぐら』など、日常、ごっこあそびで遊んでいるものを舞台にあげました。舞台は昔のままの作りで質素なものでしたが、バックの暗幕は中止し、クラスごとに子どもたちの日頃の制作活動で作成した作品を配しました。十二月の「生活発表会」は歌二曲と劇をすることにし、リズム合奏は、子どもたちの負担になるということで、二月の参観日にすることになりました。

ここでは、『金太郎』と『ぐりとぐら』のようすを記します。

4　金太郎

新田保育所の南側には、国立競技場ほどの広さを持つ住友鉱山所有の山根グランドがあり、市民に開放されていました。グランドのまわりには観覧席としての石段があり、その石段を登りきったところに、鉱山の守り神の大山積神社があります。その境内の中にりっぱな相撲場がありました。これらは、社員のための福利厚生施設でしたが、年に一回、社員のためのお祭りもあり、本物の関取が東京からやってきたり、社宅の住人やその他警備に当たる社員が、化粧まわしをつけて関取になったりする、相撲の盛んな時代でした。

そのような雰囲気もあって、外に出られない雨の日は、相撲ごっこも部屋の中で取り組んでいました。このあそびはやってみると、なかなかのもので、行司・力士・見物と役割分担もありました。準備も、体育マット二枚を敷いただけの簡素なもので十分でした。日頃威張っている○○ちゃんが、いつもメソメソしている△△ちゃんに負けるなどの意外性もあり、子どもたちはお互いの力を自覚したりしました。保育士も座って見物人になり、ヤンヤと声援する一員と化して楽しいものでした。今、考えると体と体をぶつけて、相手の力を感じ取る体験としても、教育上意義のあるものだと考えます。

劇自身は、単純明快なもので、子どもたちといっしょに作るといっても、初期の段階では、おおよそ保育士の考えで、「次、誰が言いたい？」と会話をリードする形で進めていきました。五歳児からは、金太郎さんは強いので勝ってほしいとか、相手になる動物は、ちょっと負けたらいいよ、などの意見も出てきたりしました。子ども集団も、次のセリフがちょっと遅くなったりすると、おせっかいやさんが「～いわんかい」と、劇中なのに素も出て、会場は笑いに包まれることもありました。今だと、信じて待つことができるとか、いろいろな観点から観察することができます。子どもの取り組みもさまざまに工夫することができました。

生活発表会の親の受けとめも、振り袖を着て踊ったりしていた世界に替えて、新しい形の劇づくりが登場して、新鮮だったのではないでしょうか。子どもたちも「今日は、金太郎さん負けたんよ」などと、親と会話をしたり、家でセリフを言ってみたりと、期待をふくらませているようすでした。発表会当日までには、役も日替わり交代といったようすで「おれ、今日は金太郎する」とか、「行司する」と、毎日が楽しそうでした。

劇づくりにあたっては、子どもたちが理解しやすいように、場面設定をして、その場面を紙芝居にして見せたり、素話で要素を理解するように、会話もわかりやすく話し、工夫もして伝えていきました。小道具なども子どもたちで作っていき、おおよそ八、九割は自分たちで作り、あとは保育士が作りました。

脚本「金太郎」

〈役割〉　金太郎一人、おじいさん一人、おばあさん一人
動物　くま、うさぎ、その他いろいろ

【場面1】　金太郎の家の様子

おじいさん　金太郎や、お前もずいぶん大きくなったのう。
おばあさん　本当にそうじゃのう。今日は、天気もいいので遊んで来たらどうじゃろう。
金太郎　ぼく、そうするよ。おばあさん、お腹もすくしみんなといっしょに食べるおにぎりを作ってよ。
おばあさん　よしよし、そうしようかのお。
（手でおにぎりを作る様子）
（くま登場）
くま　（大きな声で）金太郎さん、あそぼう～！
金太郎　やあ、くまさんか。今、おばあさんにおにぎりを作ってもらっているんだよ。
くま　ぼくも食べたいなぁ。
おじいさん　おばあさんや、みんなのも作ってやれよ。
おばあさん　ああ～、そうとも、そうとも。みんなのもたくさん作るよ。ほ～ら、たくさん出来たぞ。みんなにも、持って行け、持って行け。
金太郎　おばあさん、ありがとう。くまさん行くよ。おじいさん、おばあさん、行ってくるよ。

（幕閉まる）

【場面２】　野原で相撲ごっこ。おにぎりをみんなで食べる（クライマックス）

金太郎　今日は、よいお天気だなぁ。

うさぎ　金太郎さん、みんなで遊ぼうよ。

（みんなで、スキップしながら一周する）

くま　今度は、みんなで相撲取ろうよ。

みんな　いいよ、いいよ。

（みんな、丸くなって座る）

きつね　おれ、行司するよ。いいかい。

みんな　（顔を見合わせながら）うん、いいよ。

きつね　（うちわで作った軍配を持って）に〜し〜、くまの山〜。ひ〜が〜し〜、たぬき山〜。（言いながら、一周する）

（対戦相手を替えながら、相撲を取る）

（ラストは、くまと金太郎が対戦。どっちも引かず、まわりは応援）

（時には、金太郎の負ける時もあるが、もう一度と勝負をつける）

みんな　あー、おもしろかったね。

くま　お腹もすいてきたよ。

金太郎　おばあさんの作ってくれた、おにぎりを食べよう。

（真ん中に広げて、おにぎりを食べる）

みんな　おいしいなぁ。

おいしいねぇ。

金太郎　みんな、家に帰ろうよ。

動物　また、明日遊ぼうね。

お相撲、おもしろっかったね。

おにぎり、おいしかったね。

おばあさんに、ありがとういってね。

金太郎　うん、言っとくよ。

みんな　バイバイ。

（一列に並んで、全員で金太郎のうたを

歌って終わり）

＊親たちは、相撲の場面では、舞台から落ちそうになるような迫真の演技にキャアーと声を出したり、ヒヤヒヤしたりした。

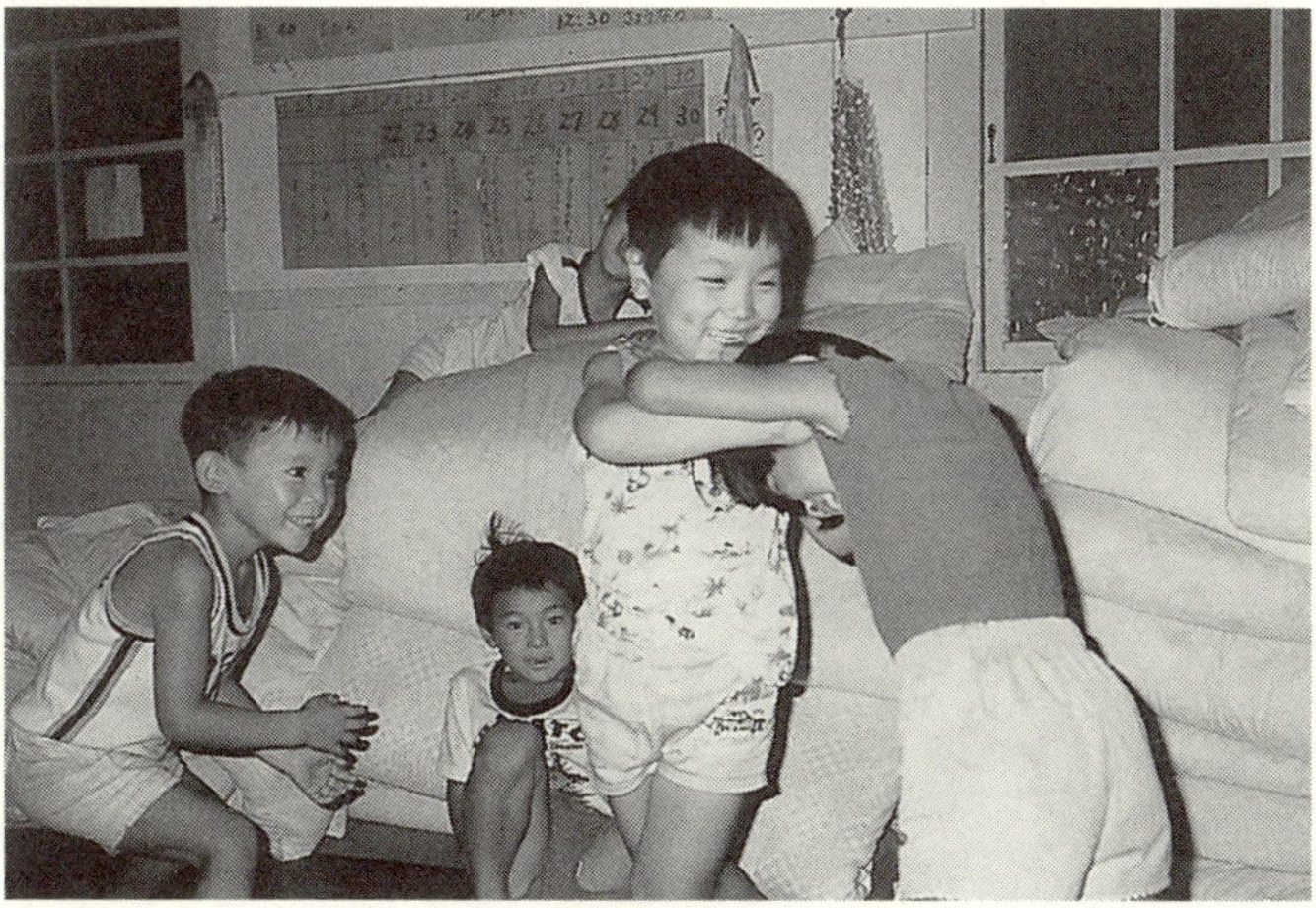

子どもたちは相撲ごっこが大好き

5　ぐりとぐら

『ぐりとぐら』の絵本（中川、1967）は、保育士をされていた中川李枝子さんの作で、姉妹で文と絵を分担されたもので、日本中で愛されたといっても過言ではないと思います。

新田社宅内にあった保育所の環境は、オンボロ長屋でしたが、長屋と長屋の間の三間ほどの道路には、火災防止の目的でいちょう並木が植えられて、秋になると真黄色のじゅうたんを敷き詰めたように、道いっぱいに落ち葉が広がっていました。その中を子どもたちがマラソンをすると絵になるので、写真愛好家がよく写しにきたものでした。園庭にも、一本大いちょうがあったので、落ち葉の季節になると、しばらくは庭掃除も止めて、子どもたちのあそび場となりました。カサカサと音に親しんだり、両手で葉っぱを抱えて上に放り上げ、舞い落ちる様を体を廻して受け止めたりしていました。また、大きな籐のかごを二人で持ってスキップする様は、さながら『ぐりとぐら』の日常の生活を思い浮かべる感じでした。子どもたちに、「ぐりさん、ぐらさん」と呼びかけると、「うふふふ」と走り去って行きます。一歩園外に出れば、大自然は新田を取り巻き、松ぼっくりを取ったり、どんぐり拾いや落ち葉集めに余念がありませんでした。

『ぐりとぐら』も、何回も舞台にのりました。絵本の中で、ぐりとぐらが動物たちを集めて「カステラ」を焼く場面では、保育士は給食室と相談して、ドーナツや蒸したさつまいもなどを、給食室で使う大きな鍋の中に入れて、寿司はんぼうのふたをして、子どもたちにはないしょで（ぐりとぐらだけには伝えていたが）「おいしい匂いだね、カステラが焼けたかな？」と、ふたを取ると「うわぁー」「あれ？」と子どもたちが驚く様が楽しくてよくやりました。

舞台の上で、ぐりとぐらから配ってもらい、満面の笑みで食べるようすに、親たちもホッとしたり笑ったり、少しの緊張から解きほぐされて、食べ終わるまで時間をかけました。そしてラストは、鍋を片付けみんな一同舞台の上から「ぐりとぐら」の自作の歌をうたって拍手をもらいました。子どもも親も至福の時でした。

絵本では、ぐりとぐらが森に出かけて、木の実を集めているときに、大きな卵を見つけてカステラを焼き、動物たちが集まってきて、みんなでごちそうをいただくという話です。

これを劇にすると、「ぐりとぐら」が中心になり（カステラを焼くのに大活躍する）、動物たちは後の場面で出てきて食べるのみとなるので、動物たちが、ぐりとぐらの友人として登場して、途中の木の実を拾う、カステラを焼くために薪を拾う活動に参加することにしました。台所用品も各動物も対等に分担して持ってくることにしました。給食室の協力も得て、特大の泡たて器などを舞台で見せました。親もめったに目にすることがない光景でした。

薪拾いは、やきいも大会の折、近くのえんとつ山のふもとに枯れ枝を拾いに行ったりしているので、劇用の枯れ枝を拾って来て利用しました。保育士たちは、生活発表会のことばに忠実に、なるべく具体的に、子どもの体、頭脳を通すことを心掛けたものでした。

園庭にある大いちょう　新園舎にも移植した

脚本「ぐりとぐら」

【場面1】

ナレーター のねずみのぐりとぐらは、大きなかごを持って、森の奥へ出かけました。

(ぐりとぐらは、二人でかごを持って、スキップで舞台を一周して登場)

ぐり 今日は、よいお天気だね。

ぐら ほんとに気持ちいいね。

ぐり ぼくの名前は、ぐりだよ。

ぐら 私の名前は、ぐらよ。

♪ぼくらの名前はぐりとぐら
♪この世で一番好きなのは
♪お料理すること　食べること
♪ぐりぐら　ぐりぐら

(ピアノの音にて、つぶやきながらスキップで一周、元の位置へ戻る)

ぐら あら、どんぐりが落ちているわ。私、ひらうわ。

ぐり あっ、落ち葉もあるよ。みんなひらうよ。

(動物、登場)

動物① ぐりさん、こんにちは。

動物② 何をしているの。

ぐりぐら 木の実をひらって、お料理するのよ。

動物 私たちも、手伝うよ。お料理作り、よせてね。

ぐりぐら ああ、いいよ。

(幕閉まる)

【場面2】

動物① おーい、みんな聞こえるかい。

動物②　森の動物さーん、みんな出ておいでー。
（それぞれの動きで、出てくる）
動物③　どうしたんだい。
動物④　何があったの。
動物⑤　今日は、気持ちいい天気だね。
動物⑥　（それぞれの適した言葉で対応）
動物⑦
動物⑧
動物①　森の中で、ぐりとぐらに会ったんだよ。
動物②　ぐりとぐらは、木の実をひらってお料理するんだよ。
動物①　おれたちも、木の実をひらって手伝うことにしたんだ。
動物②　みんなもいっしょにしないかかい。
動物③④　それは、楽しいことだね。
動物⑤⑥　ぼくたちも木の実や落ち葉をひらおうやなぁー。
動物⑦⑧　じゃあー、たきぎもいるよなぁ。
おれたちは、たきぎを集めるよ。
そうだね。みんなで集めるぞ！
エーイ！
（ひとしきりして集めたものを、一か所に集めて横並びに勢ぞろい）
お料理する物いるよね。
おれは、あわてたてきお母さんに借りてくるよ。
おれは、おたまを借りてくるよ。
みんなまたね、バイバイ。
（舞台のそでに帰る）

【場面３】

ナレーター　ぐりとぐらは、だんだんと森の奥に進んでいきました。
（ぐりとぐら登場）

（舞台のそでから、チラリと大きな卵が見える）

ぐり　アッ！何か見えているよ。
ぐら　そばに行って見ようよ。
大きなたまごだわ。
（そーっと引っ張り出す）
ぐり　うわー、すごいね。大きくて重たいね。ここで、お料理しようよ。
ぐら　みんなも、ここに来てもらいましょう。
ぐり　おーい、森の動物さーん。ここにきておくれー。
動物たち　どうしたの？
（口ぐちに言いながら、手に手に料理の道具を持って出てくる）
（大きなたまごには、割れ目を入れてつないでおく）
これは、どうしたの？
大きいね。
割れるのかなぁ。
ぐら　私たちが、見つけたの。
ぐり　これなら何人分ものカステラが焼けるよ。楽しいな。
さあ、みんなではじめるかー。
（みんな持ち寄ったエプロンをして、紐を結び合う）
ぐり　大きなお鍋持って来るよ。
ぐら　私もそうするね。
（お鍋の中にカステラの材料を入れて、料理をする）
（ぐりとぐらのまわりを、動物たちが取り囲む）
いいにおいがしてきたわー。
全員　本当だ。おいしそうな匂いだね。
ぐりぐら　お鍋のふたを開けるわよー。一、二の三。（開ける）

おいしそうに焼けてるよ。みんなに配るねー。

いただきまま一す。

みんな　（笑い合いながら、食べる）

（幕が閉まる）

＊補足

新田保育園は、その時その時で当日のお鍋の中に、本物のカステラを入れたり、丸いドーナツであったり、ふかしたお芋であったり、子どもたちを楽しませていました。服装は、平常のまま。

受け持ち保育士の弁だと、この時が一番楽しかったし、幸せ感ももらったものです、とのことでした。

おんぼろ園舎でも楽しい生活が満ちあふれていた

6 思いがけない『かわいそうなぞう』との出会い

私たちは、それからも毎年毎年、劇づくりを積み重ね、生活発表会で上演していました。一九七六（昭和五一）年には、『かにむかし』（木下、1959）を上演したことが記録に残っています。

その一方で、一九七三年から新田保育園は、園を挙げて障がい児保育に取り組むようになり、当面する困難を乗り越えるために、学習会を盛んに行い、全国から知恵をもらうようになっていました。そして、手探りで実践してきたことを記録にして、第十五回全国保育問題研究集会（一九七五年、京都）の「集団づくり」分科会で、「Kちゃんのシャワー係」と題して提案（発表）しました。ほとんど年中無休の保育園での職員研修が、保育の向上・内容を左右すると訴えると、当時の親たちは、おばあちゃんに園児を預けてくださったり、千円カンパをくださったりして、「先生体に気いつけて勉強して来てや」と熱き思いで送り出してくれました。

翌一九七六年の第十六回全国集会は広島で開催されました。私たちは、前の年に引き続き、多くの職員といっしょに参加し、障がい児保育について実践発表をしました。二度目の参加でした。基調報告は茂木俊彦先生で、ついで「平和」について荘司雅子先生が記念講演され、やはり広島の地ならではの集会だと思いました。続いて、全国からの参加者の前で、松原多恵子さんの実践発表（松原、1976）、子どもたちとつくった劇『かわいそうなぞう』の映像が上映されました。これが私たちにとって初めての『かわいそうなぞう』との出会いでした。

そのときの話と映像で強く脳裏に刻まれているのは、次のような松原さんの保育に取り組む真摯な姿勢と映像の中の子どもたちのようすでした。

①『かわいそうなぞう』（以下「ぞう」）を取り組むにあたって、遠くの小学校の教師（京都の小学校での「ぞう」の劇づくりの実践者）を訪ねて、戦争当時の背景や歴史などを懇切ていねいに学習したこと、

②リュックサックに録音機を忍ばせ、保育中の自分の「ことば」を録音し、夕方食事の用意をする折、台所の片隅に置いて、自分の「ことばかけ」を聞き、「ああムダの多いこと」、「ああこの会話は適切であった」と反省の材料にしたこと、

③映像として写し出された、子どもたちのじつに生きいきと劇を演じている姿、

④絵本『かわいそうなぞう』から要点を的確に押さえて場面を設定し、劇を運んでいる様、などです。

先の太平洋戦争の勃発から終戦の間を、子ども時代としてくぐった者としては、大きな感動を持って受け止めたものでした。「さすが原爆投下を受けた広島のねがい」とも思われました。参加した全国の仲間も涙を流して、感動を持って受け止めていました。

この出会いが、新田保育園の生活発表会に、大きな転機をもたらしたのでした。

木下順二文／清水崑 絵　『かにむかし』岩波書店、一九五九年
中川李枝子文／大村百合子 絵『ぐりとぐら』福音館書店、一九六七年
松原多恵子「「かわいそうなぞう」を通しての幼児の平和教育」『季刊保育問題研究五十六号』全国保育問題研究協議会、一九七六年、十五〜三十八頁

第3章

『かわいそうなぞう』の劇づくり

新田保育園では、何年にもわたって『かわいそうなぞう』の劇づくりに取り組んできました。ここでは、第二十二回全国保育問題研究集会〈認識と表現―文学分科会〉に、園を代表して小笠原真弓さんが発表した、一九八一（昭和五六）年度と翌一九八二年度（当日配布資料）の報告（小笠原、1983）を、できるだけそのままの形で掲載した（年号他若干の表記を変えました）うえで、当時の資料（新田保育所、1983）によって補足しておくことにします。報告が二つの年度にまたがるのは、分科会原稿の掲載時は、前年度の劇づくりの報告ですが、分科会開催時には、次の年度の劇の上演が終わった後になるという事情からです。また、当日分科会で配布された『新田保育所生活発表会劇づくり脚本集』（巻末に収録）も掲載することにしました。

あわせて、二〇一〇年に、『季刊保育問題研究』は、特別企画として「第五十回全国集会へ向けて」「想い出に残る全国集会」を連載していますが、その中から、小笠原さんの「かわいそうなぞう」の発表を取り上げた「三〇年先に伝えられるような保育実践」（山﨑、2010）を載せておきます。

これに加えて、初期の劇づくりを担った一人の新任の保育士が、三十年後の現在の地点に立って、その頃を振り返った一文も載せることにしました。

この章において、初期の『かわいそうなぞう』の劇づくりを、そのまま提示することによって、生き生きとした姿に触れると同時に、さまざまな問題点を考察していただければ、と思ったからに他なりません。

まず、最初、『かわいそうなぞう』の「あらすじ」を示しておきます。

太平洋戦争の時代、東京の上野動物園で実際にあった話を絵本にしたものです。敵の空襲によって、動物園の檻が破壊され、猛獣などが逃げ出したら危険だということで、軍の命令で、猛獣や体の大きいぞうなどを殺すことになりました。そこには、命令を伝えなければならない園長や、毎日心を通わせて飼育している人たちの苦しい立場がありました。しかし、ぞうは、毒入りのエサを与えても吐き出し、また、硬い皮膚のために針が折れ、ぞうには毒薬の入った注射もできませんでした。そこで、エサと水を与えるのをやめ、餓死していくのを待つことにしました。最後には、ぞうたちは、しだいに衰弱して死んでいったのでした。

1　『かわいそうなぞう』の劇づくりに取り組んで

小笠原（現在、青木）真弓

（1）『かわいそうなぞう』の取り組みの経過

毎年、年長クラスでは、飼育（にわとり・うさぎ）を、重要な活動として取り組んでいますが、一九七五年の秋、道後動物園へ遠足に行った折には、子どもと動物とのふれあいの時間があり、たくさんのかわいい子山羊と交流する機会を持ちました。その後、話し合いが実って、その年の年長クラスは、山羊が赤ちゃんを産んだら、一匹もらうことになりました。指折り数えて待っている頃、動物園より連絡があり、当時はめずらしい建築会社のマイクロバスを借りて、一時間半もかかる松山へ、山羊をもらいに行きました。子どもたちは、お母さん山羊にはお礼にと、ハーモニカを吹いて帰り、それからというものは、一段と飼育にも、力がはいりました。

その山羊がだんだんと大きくなり、角もりっぱにはえてきた一九七七年八月、不注意にも、餌のやりすぎで死んでしまいました。子どもたちは、あわてて、ワァーワァーと各保母に知らせに来ましたが、意外にも平然としたようすでした。これではいけないということで、おもむろにお葬式をして、今まで山羊がどんなにして育ったか、餌を与えるときはどんなようすで、どんな気持ちだったかなどを呼びおこし、子ども農園の一角に、「やぎ・ちゃろの墓」と墓標を立てて、葬りました。その後も命日には、お参りなどをして、命って何だろうということに、ずいぶんと保育の時間をとりました。

その年（一九七七年）は、『かわいそうなぞう』（以下「ぞう」とする）の絵本を四月から読み聞かせていたこともあり、十二月の生活発表会に、「ぞう」をしようと、子どもたちと決定しました。それで『季刊保育問題研究』五十六号に、松原多恵子先生が報告されていたものなども、参考にさせていただきました。

一年目の取り組みでは、飼育係を通して、命の尊さを伝えていくことを、大きなねらいにしました。二年目（一九七八年）は、動物や人間の表現に重点をおき、どうすれば見ている側にも思いが伝わるかなどを、子どもたちと考えていきました。また、劇をいっそう盛り上げていくために、保母が効果係を受け持ち、地元の高校の先生に、爆撃音を録音してもらうと、一段と迫力が増してきました。三年目（一九七九年）からは、その時々のクラス集団によって、動物の毒殺される時の身体表現に重点をおいたり、飼育係の動物を殺したくないけれど殺さなければならない心の葛藤を表現していったり、みんなで『猫は生きている』（島田、1975）等の映画を見たり、ある年は、わらび座の方にも見てもらい、お礼に、横笛を聞かせてもらったりしながら、現在に至っています。

（2）一九八一年度の取り組みのようす

1　四月初期の子どもたち

男児十六名（内、自閉的傾向児一名、微細脳障害症候群（発達障害児）一名）、女児十六名、保母三名（経験年数十年目一名、二年目二名）。

四月当初の子どもたちは、たとえば、袋の中の物をさわって、何だったか自分の意見を出して、グループで一つの意見にまとめて、あてっこをするという集団あそびをすると、グループの五人が、「じゃがいも」と言っても、後の一人が「夏みかん」と強い意見を出すと、夏みかんに決まってしまうというように、強い者の意見に流されてしまうところがある集団でした。そこで、十二月の生活発表会では、クラスが一つにまとまり、子ども同士で相互批判ができる集団をめざして、劇に取り組んでいきました。

ねらいとしては、①感じたことを表現できる力を高めていく、②内言思考（感情、認識）を高める、③クラスが一つにまとまり、相互批判のできる集団をめざす、④平和の大切さ、戦争の悲惨さなどを伝えていく、という四点をあげました。

2　具体的な取り組み

運動会が終わると、生活発表会で「ぞう」をやろうと、子どもたちの意見が出たので、四月から持っていた「ぞう」の絵本の読み聞かせを、多くしていきました。現在の物の豊かな時代に育った子どもたちは、戦争中の出来事や食物がなくてどういうふうにしていたかということが、はっきり理解できないので、年輩保母（戦争体験者）に、当時のようすを詳しく素話で聞いたりしながら、「おなかがすいたら」ということなども経験してみようと、子どもたちと話し合い、自分たちが収穫したさつま芋のつるを入れて、ぞうすいを作って食べました。そのために、十二時の昼食を十四時三十分に遅らせていると、最初は元気に走り回っていた子どもたちも、十四時頃になると、「さあ歌を歌おう」との保母のさそいに、「おなかがすいて歌も歌えん。力ないわ」と、その場に座りこんでしまいました。「おなかがすいたら、何もできんわ」と、子どもたちは、空腹感を体験し、弁当は、いつもは遅く食べる子まで、短時間で終わってしまいました。また一方では、新聞に出ていた飼育係の渋谷さんの手記を読んだりして、劇練習をすすめていき、十二月の初めの舞台での練習に取り組んでいきました。

「子どもたちは、一生懸命やっているのだけれど、今一つ物足りない。見ている側に感動が伝わってこないのはどうしてかしら?」と、保母が話し合いの中で、子ども同士の表現の伝え合いが少ないのではないか、また、なぜ「ぞう」をするのかという視点がはっきりしていないのではないか、との点をおさえました。そこで、子ども同士の伝え合いの場を多く設けていきました。

それらの取り組みの様子を紹介すると、次のようなことでした。Ⓐ力を持っていながら、充分出しえない子が出し切ること。Ⓑ常に励まされている勝ちゃんががんばること。Ⓒ全身を使って表現することを、友だちにささえてもらうこと。

Ⓐにおいては、ナレーターの弘君が第一声、「今から、ばら組が、かわいそうなぞうの劇をします」と言った時、さやかさんが、「もっと大きな声出るよ」と注意すると、弘君は、今度は身をのり出して、口を大きくあけて、真っ赤な顔で言うと、みんなは「合格」、「今のはよく聞こえたよ」と認める拍手がおこりました。

Ⓑにおいては、保育歴四年目の勝ちゃんは、体は小さく、おっとりしていて、自ら積極的に取り組んでいくというよりも、人の後からやるというふうでした。友だちからも常に「はよせーや」と言われる子どもでしたが、保母も子どもたちも、この劇で、勝ちゃんに自信をつけてもらいたいという思いと、勝ちゃんもやろうと意欲を示したので、動物園のおじさん役になりました。セリフは、「このお墓は、戦争で殺された動物たちや、ジョン、トンキー、ワンリーを、おまつりしてあ

るお墓です。私は今まで、このかわいそうなぞうのお話をしたことがありませんでした。でも、戦争の恐ろしさを忘れないために、今からお話しします。聞いてください」という長いものでした。

その日みんなセリフを紙に書いて持って帰りましたが、次の日には、ほとんどの子が覚えてきました。しかし、勝ちゃんは、長いセリフを覚えきれないようで、なかなか言えない勝ちゃんに、「はよ覚えて」と要求し、グループの子どもたちは、勝ちゃんのお母さんが迎えに来ると、「勝ちゃん、おうちで練習しよる?」と、家庭でのようすを聞いたりしていました。お母さんも今までになく協力的になり、勝ちゃんと、入浴中や通園の車の中で、毎日練習してきました。また、園でも、最初は、保母が、忘れたセリフを言っていましたが、まわりの子どもたちが勝ちゃんのセリフを覚えてくると、勝ちゃんがつまると、次の言葉の初めを、小さな声で言うようになりました。そして、今まで、「練習してんよ」と、要求ばかり出していた子どもたちに、勝ちゃんとお母さんの努力をつたえていくと、「今日は○○ができとった」と、お母さんに勝ちゃんの頑張りを報告していくようになり、保母側も、子どもたちが、勝ちゃんを認めていったことを評価していきました。そして、他の子にも、その輪を広げていきました。

Ⓒにおいては、動物の表現をする場面で、美曹君は、ヘビ役でしたが、途中入園してきた美曹君は、ヘビの表現にとまどっていました。そこで保母が、「毒をのまされたヘビって、どんなふうになるんだろう」と問いかけると、いつもはおとなしい正史君が、「こうやってみたら」と表現していき、他の子は、「正史君の体こうなって(ねじれて)、苦しそうなわ」と認め、「美曹君もやって

みて」とみんなから励まされ、美曹君も手をのばし、二本の足をそろえて、正史君のヘビを自分にとりこもうと必死になり、正史君も美曹君の足をささえて、「こうやって」と、動かし方を伝えていました。最後の死んでいくシーンでは、石にみたてた積木によじのぼって、積木から落ちても動かず、死んだところを表現した時は、「すごーい」という声がまわりの子どもたちからあがり、保母もともに認めました。こういうふうにお互いに評価し合うことによって、する側も、見る側も、日ましに真剣さが出て来て、「自分もがんばろう」「みんなで象をやっていくんだ」という気持ちが、盛り上がっていきました。

3　発表会当日

当日は、「がんばってしようね」「セリフまちがえんとこの」と、子どもたち同士で励まし合いながら、舞台にのぞみました。いよいよ勝ちゃんです。彼は背筋を伸ばし、お墓に歩み寄り、一息つきました。やがて、長いセリフを一気に、大きな声で落ち着いて言いました。見ている我々には、渋谷さんの思いが伝わったようでした。舞台のそでから、「勝ちゃんがんばれ」と、心の中でいっしょにセリフを言っていた子どもたちも、ホッと安心し、会場からも思わず拍手がおこりました。客席の勝ちゃんのお母さんも、自分の責任を果たしたことや、今までの練習の過程を思い出しながら、我が子の成果を喜んで、涙を流していました。子どもたちは、戦争で殺されていく動物や、飼育係のやりきれない気持ちを表現し、一人ひとり役になりきり、ある子どもは、涙を流しながら、自分の役の責任を果たし、劇を成功させました。

劇をすることで、親たちにも、平和の大切さ、命の尊さを伝えることをねらっていますが、五歳児が真剣に表現していくようすを見て、目頭をおさえる母親も多く見受けられました。そして、人間だけかと思っていた戦争の犠牲が、動物まで殺すことになったことを初めて知った、という声が聞かれました。

劇の最後には、毎年子どもたちと、職員全員で、平和への願いをこめて歌を歌っていますが、この年は「原爆許すまじ」を合唱しました。

4 まとめ

劇に取り組んだことによって、悲しみ、いかり、感情の高まりが表現できました。一つの表れとして、保母が取り組みの途中で、突然入院した時に、手紙で、どの子も、自分たちの取り組みの高まりを知らせてきました。また、飼育当番にも、熱が入りました。

集団としては、クラスが一つにまとまり、四月当初、育っていない部分と押さえていた連帯の弱さも、相互批判できるようになり、自分の役割に責任を持って、強い意見に流されるのではなく、はっきりと主張できるようになりました。そして自分のできる力を友だちに伝えていけるようにもなりました。

（3）一九八二年度の取り組みのようす

1　四月当初の子どもたちの姿

男児十八名（内微細脳障害症候群（発達障害）一名）、女児十九名（内ダウン症候群一名、知的障害一名）、保母二名（経験年数三年目）。

四月初めの子どもたちは、活動にとても意欲的でしたが、持続するということに弱さをもっていると押えました。それらを克服する取り組みとして、全身運動、当番活動、その他、と過ごしてきましたが、生活発表会では、劇を通してクラス全員が一つのことに集中してまとまり、子ども同士で相互批判のできる集団をめざして劇づくりに取り組んでいきました。

2　何の劇をするか、みんなで話し合う

生活発表会で、今年はばら組は何にするか、と聞いた日のことでした。「『ぐりとぐら』がええわ」「『おおきなかぶ』がええわ」などという子どもたちと、「『かわいそうなぞう』」という子たちに分かれました。子どもたちの中にも、今まで、ばら組が『かわいそうなぞう』をやってきたのだから、ぼくたちも「ぞう」をするんだという子と、何かおもしろい劇をしたいというふうに考えている子がいました。しかし、私たち（保母）は、やはりばら組さんには、戦争のことを伝えて、平

和であることがいかに大切か、生きることがどんなにすばらしいかということを、知っていってほしいために、この劇に取り組むんだということを話していったのでした。保母は、すぐ解決して、「ぞう」をすることに決まるだろうと予測していましたが、実際には、なかなか解決せず、三日間という時間をかけ、「ぞう」をすることに決めていきました。

3 脚本の変更

園で『かわいそうなぞう』の劇づくりに取り組んで、六年目になります。NHKのテレビで、「ぞう」について、新しい話が放映されました。保護者の方から、今年（一九八二年八月）NHKで放映された『そして、トンキーもしんだ』のビデオテープを届けられたりしました。その内容は、「今まで、戦争がはげしくなったために、動物や象が殺されたと伝えられていましたが、真実は、まだ戦争があまり激しくなっていない昭和十八年の夏、動物や象を殺すことで、国民の戦争への意欲をかりたてようという軍の命令で殺されたことが、戦後三十七年目にして、初めて明かされた」というものでした。このようなマスコミの報道は、日本中を駆け巡っていきました。そこで、私たち保母側は、この事実を受け止め、劇を通して真実を伝えていくことの大切さを知ってほしいという願いのもとに、今年の劇づくりに取り組みました。脚本の手直しをすることにしたのでした。

4　配役を決める

役決めは、例年のことながら、ちょうちょの役に集中してしまいました。「チョウチョヲヤッテミテ、キレイナヒトガ、ヤッタラエエ」との子どもたちの意見を生かしながら決めていきました。役は、自分のやりたいものを言い、そして、それに保母の側のその子に対しての願い――この子には、この劇に取り組むことによってどう変わってほしいかということを託しながら、話し合っていきました。その中で、たかし君の役だけが決まりませんでした。

たかし君は、自分がこの役がしたいというよりも、自分と仲のいい子がなった役と同じ役をしたいと言ってきたのでした。自分からこうしたいというより、後についていくことの多い子だけに、私たちもその場で、「ぼくはこの役がしたい」と、はっきり言える子になってほしかったのです。役決めは、二日間の間になされましたが、たかし君の役は、なかなか決まりませんでした。

家庭とも連絡を取り、役が決まらないことを伝えていき、お家の人とも話し合って、たかし君の気持ちを聞いていくようにしていきました。まわりの友だちも心配して、朝、園に来ると、「タカシ、オマエ、ナニヲスルカ、イエヨ」と、こっそりたかし君に声をかけてやる子もいました。「クマニナリタイ」という思いはあっても、なかなか思いきって伝えられず、みんなに支えられながら言えた日、クマの役でがんばってほしいけれど、だれにもたよらずに大きな声で、一番初め、ナレーターとして、「イマカラ、バラグミガ『かわいそうなぞう』ノゲキヲシマス」と言うことを、たかし君の課題としました。その一言もなかなか言えず、ようすをうかがっては、もじもじとして、劇の練習がなかなか始まりませんでしたが、日ごとにその練習も緊迫してくると、たかし君が一言、言わないと劇の練習が始まらないということがあり、「モウハジメテモエエデ」と、まだ少しふざけて劇をやろうとしていない子に、真っ赤な顔をして、言っていくようになりました。そして、生活発表会には、堂々と、その役割を果たしたのでした。

5　一つの事件が起きる

十二月に入ってすぐのことでした。お残りをしていたK君、S君、Z君の三人が、「中学生が石投げる、何にもせんのに石投げる」と、部屋に飛び込んできました。話を聞いてみると、中学生のY君（卒園生、言語に障害がある）が、石を投げて、その石がK君に当たったと言うのです。しかし、よくよく話を聞いてみると、ほんとうは、三人がY君を、「バカ」「ホソナガー」と、はやして、からかったことに原因があることがわかりました。園で統合保育を始めて十年がたち、子ども同士助け合ったり、教え合ったりする姿が見られていただけに、保母は胸のつまる思いでした。

毎日やってきた劇の練習も一時中断して、人はどんな姿の時、ほんとうに美しいか、どんなに生きている時がすばらしいか、を話していきました。Y君の言葉ははっきりしないけれども、「オアヨウ」と朝のあいさつをする姿を、何回も話していきました。運動会の練習をしていた時、グランドを通って散歩する目の不自由な人たちに、「がんばってね、気をつけてね」と、握手をしていったことの話もしました。見かけだけにとらわれることなく、一生懸命生きていることがどんなに大切か、真実を見つめることがどんなにむずかしいことか、子どもだけでなく、保母自身も考えさせられた事件でした。話し合いを何回も重ね、弱い立場にいる人のことも考えてあげること、うそをつかないこと、二つのことを確認して、再び、劇の練習を続けることにしました。

K君とS君は動物の役で、毒を飲まされて殺されていく表現をしていきました。死んでもまだ体が動いているK君に、まわりの子も「ウゴイタライカンヨ」と教えてあげたり、真剣にゆっくりと苦しむ表現をするS君には、「イマノヨカッタヨ」とことばがかけられていきました。また、昔の人の役をしていたZ君は、今までゆっくり逃げていたのに、命を守るために逃げるという走り方に変わっていきました。この三人も、劇の練習を通して、一生懸命やるということはどんなことなのか、わかっていったのではないかと思います。

6　劇全体を通して、むずかしかったこと

劇全体を通して、一番むずかしかったのではないかと思うのは、去年までと違ったところ――戦争があまり激しくない時に動物が殺され、人間の気持ちを戦争にかりたてていったことでした。私たち若い二人（担任保母）も、戦争を知りません。戦争のことがどれだけ伝わったのか、真実を伝えていきたいと思う反面、不安もありました。戦争が激しくないのになぜ動物を殺すのか、戦争への気持ちをかりたてるということはどういうことなのか――それが、最後まで子どもたちにとってはむずかしいことのようでした。しかし、実際に一人ひとりが動物や飼育係の役を演じるなかで、

わかっていったのではないか、と思います。初めはなかった、動物をかわいいと思って背中をなでるところや、おなかがすいて芸当をする動物を見て思いっきりえさを与えるところや、声が張り裂けるほど叫んで、みんなに知らせるところなどに現れているように感じました。

7　発表会当日

『かわいそうなぞう』の一番最後の保母の歌『明日への伝言』が終わると、いっせいに拍手がおこりました。その時の子どもたちの顔は、とても輝いていました。目に涙をうるませている子もいました。毎日、毎日、練習をし続け、子どもたちを見てきた私たちでしたが、やはり、一人ひとりの子どもたちのやりきったという表情は、すばらしく美しいものでした。

8　一月になって

一月に入って、生活発表会の時に兵庫から来ていただいた田川浩三先生から八ミリが送られてきました。みんなで、『かわいそうなぞう』のフィルムを見ましたが、自分の姿がスクリーンに映ると、はずかしそうに友だちと顔を見合わせる目と、あんなふうにやっていたんだなあと別の人を見るように見る目がありました。卒園してもきっと、そういうふうに自分を見つめる時があることでしょう。『かわいそうなぞう』をしたことを忘れてしまう時があるでしょう。だけど、自分に自信がなくなったり、くじけそうになった時に、あのみんなでがんばった時の『かわいそうなぞう』の劇を心に思い出してほしいのです。また、そうなってはいけないことですが、再び戦争が起ころうとした時、「戦争はいやだ」と堂々と胸をはって言える人になってほしいと思います。平和の問題は、ほんとうに大きな問題でさまざまな意見がありますが、戦争の悲惨さを伝えていくことは、逆に、人がどのように生きていくか、どう生きていかねばならないかを考えていくことだと思います。今は、まだまだ一つのことを判断していくには、自信がなくて、おぼつかない子どもたちですが、自分の生き方をほんとうに大切にする、真実を見つめていく子に育っていってほしいなと願っています。

今、一月に生まれた六匹の子ウサギは元気に育っています。去年、何匹も雨や病気で死んでいきました。今度こそはと大切に育て、生まれた六匹全部が、小さな小屋を走り回り、えさを食べています。子どもたちは、まだまだ冷たい水で、汚れたえさ入れや水入れを洗いながら、キャベツを包丁で小さくきざんで毎日世話をしています。

生活発表会当日の描写は、大変短いのですが、全国保育問題研究会・文学分科会での提案当日は、八ミリフィルムで、劇の初めから終わりまでを上映したので、当日のようすは、ことこまかに参加者へ伝わりました。巻末に『新田保育所生活発表会劇づくり脚本集』（新田保育所、1983）を掲載して、当日の描写に代えたいと思います。

2　想い出に残る全国集会：三〇年先に伝えられるような保育実践

山崎先生は、「三〇年先に伝えられるような保育実践」（山崎、2010）と題して、新田保育園の『かわいそうなぞう』の発表を取り上げています。以下に、先生の文章を続けます。

毎年の保問研全国集会が記憶に残る集会となっています。特に私が学んできた分野は「認識と表現―文学」で、各年に提案される内容と討議が印象深く残っています。中でもしみじみと思いかえされるのが絵本『かわいそうなぞう』の劇をした子どもたちの様子です。一九八二年、第二十二回集会での、愛媛・新田保育園の小笠原真弓さんの提案でした。子どもたちがゾウや飼育係の人になりきって演じていました。その様子は今も心に残っています。

その時、子どもにあのテーマがわかるのだろうかと疑問に思いました。議論にもなったと思います。提案者から、子どもたちは食べ物がなくなることなど経験がなくわからないので、いもづるのおかゆを食事の時間をずらして空腹を経験し食べ、お話の理解をしたと説明されました。また、毒を飲まされた動物がどのようになるか表現する時、子ども同士が表現を評価しあって決めて、長い台詞も覚えあって大きな声で言うようになったようです。結果、当日は戦争で殺されていく動物や飼育係になって涙を流しながら演じたそうです。このようにして劇表現した子どもたちの姿を提案したこの分科会が思い出に残っています。

それ以後、この分科会では戦争を直接テーマにした文学を劇にした提案はなかったのではないでしょうか。

私は現在、保育者養成校にいますが、今年の三月に卒業した学生の一人が「戦争と子ども」をゼミテーマに卒論を書きました。彼女は和歌山県で小学校以来ずっと平和学習をしてきたそうです。そのときから心に焼き付いている映画『火垂るの墓』（野坂、1972）から書き出し、広島の原爆で被爆した佐々木貞子のこと、今も苦しんでいる子ども兵士について書きました。そして保育者となったら戦争の恐ろしさや平和の大切さを伝えていきたい、そういった絵本を普段の生活に取り入れたい、そこから子どもたちは戦争について知るだけではなく、命の尊さを自然に学んでいくのではないか、それは大人になっても平和を守る大人となっていき、また次世代に伝えていくのではないかとまとめました。

この卒論は、小さい頃からの文化環境が、人の考える指標となり、これからの人生を支えていく重要なものになることを示しています。幼児期に、あの『かわいそうなぞう』を先生と想像・解釈し、創り演じた新田保育園の子どもたちは、今三十歳を過ぎ、社会を支え平和を支える力となっているのではないかと思っています。

今、沖縄の基地問題で子どもの安全が揺らいでいますが、直接戦争がテーマのものでなくても、子どもたちが楽しくなったり、考える力、生きる力となる文学を選んでいきたいと思います。そして、劇にすることで、身体やことば、仲間をくぐって豊かな表現力や想像力を身につける大事さとともに、平和について実践し、『かわいそうなぞう』のように、三十年先に伝えられるような分科会や保問研全国集会となることを予測し期待しています。

3　新任の保育士として「ぞう」に取り組んだ三十年前を想う

（1）当時の新田保育園の風景

一九八〇（昭和五五）年四月、私は、新田保育園に就職しました。今考えると、はや三十年以上前のことになります。その頃は、まだ古い園舎だったので、木造建てで、床もギーと音が出ていたほどでした。しかし、園舎の周りは、今以上に自然のままでしたし、保育園の前の道を横切るとすぐに川原に下りることができ、子どもたちと、裸足で川の中を走り回り、自然の流れに身を任せて泳いだりして、あそびもダイナミックなものでした。

子どもたちといえば、どの子も素直で、「子どもらしさ」に溢れていました。「まっすぐ」でした。今思うと、その頃もその頃なりに、それぞれの家庭において、抱えている問題や悩みがあったと思いますが、保護者もまず、子ども第一に一生懸命子育てをしている親が多かったと思います。何か腑に落ちないことがあれば、すぐ、そのまま保育園に言ってくる親も多かったのですが、一度、納得して理解してもらうと、子どものほうが悪いことをした時などは、「先生の言うことを聞かんけんよ。○○ちゃんが悪かろ……」と、子どもに向き合って、しっかり叱ってくれていました。子ども自身も親の言うことをきちんと受け止めていました。また、よその子でも我が子のようにほめたり、応援してあげる姿があったことが、印象に残っています。

また、「障がい児保育」に関しては、当時、まだまだ、障がい児に対しての理解も手さぐりで、障がい児を受け入れる保育園は少なく、「統合保育」といわれる中、新田保育園では、障がいを持った子もそうでない子も共に育ち合うという方針を大切にする保育を進めていました。「子どもの発達」にこだわり、ただの見守り保育ではいけないという意識を持って、保育を先進的にかつ意欲的に進めていた保育園でした。

私が、担当した初めてのクラスは、子ども四十八人（内障がい児八人）、保育士四人というクラスでした。保育士の二人は、ベテランの保育士、私を含め二人は、新卒の保育士でした。何もわからず、ただ若さだけが取り柄でした。

（2）『かわいそうなぞう』の位置

生活発表会では、『かわいそうなぞう』の劇に取り組むということでした。私自身、もっと楽しい劇をしたいという思いもあったのですが、その反面、五歳児だから、やはり、ただ楽しい劇というだけでは……という思いがありました。その頃、新田保育園では、三歳児は、『三びきのやぎのがらがらどん』（ブラウン、1965）、四歳児は、『かにむかし』、そして、五歳児は、『かわいそうなぞう』というのが、定番のようになっていました。『がらがらどん』は、「カタコト・カタコト……」というリズムのおもしろさに加えて、大きなやぎは、小さなやぎを守るという強さと誇りを……そして、『かにむかし』は、正しいことは、正しいことと、正義を貫く強い心を……その年齢の子どもたちの発達に応じて、それぞれ伝えたい思いが根付いており、『かわいそうなぞう』は、保育園最後の年の集大成という形で捉えていたように思います。しかしながら、『かわいそうなぞう』に取り組む主旨は、私たち保育士がわかっていても、当の私たち自身は、まったく戦争についての知識がありませんし、子どもたちに伝えるといっても、伝えるものがありませんでした。

（3）生活発表会への取り組み

戦争についての写真集を集めて子どもに見せたり、子どもたちのおじいちゃんやおばあちゃんに話を聞いてくるように言って、聞いてきたことを保育の中で伝えあったりしました。しかし、「戦争の時は、食べる物がなかった」「大変だった」「爆弾に当たって死んだ人もいっぱいいた……」と話をしても、何かピンとこないようで、言葉だけのようにも感じました。私たち保育士は、このままでは、劇づくりはできない……、もっと、子ども自身が「戦争について」考えられるものはと考えた時、保育士の中で思いついたのは、「雑炊づくり」でした。

今もそうですが、その頃も食の不自由さなどはあまり感じることはありませんでした。戦争の時のように、食べる物がなくなれば、おなかがすく、体を通して、戦争というものを考えてみようということで、「雑炊づくり」に取り組みました。

その頃、保育園ではさつまいもを育てていて、子どもたちは、夏の暑い日も保育園から少し離れた畑に水やりをしに、毎日行っていました。

子どもたちが聞いていたおじいちゃんやおばあちゃんの話のなかに、「昔は食べる物がなくて、さつまいもばかり食べていたんよ……。さつまいもも食べれない時は、茎や葉を雑炊に入れて食べていたんだって……」という話から、実際に食べることにしたのです。しかし、ただ食べるだけでは、ほんとうのひもじさは伝わらないのではないかということで、いつもの給食を食べず、時間を遅らせ、おやつの時間頃に、お米を少し入れ、育てていたさつまいもの茎を入れ、雑炊を作って食べました。私たちも子どもたちに戦争というものがどういうものか、少しだけでも感じてほしいという思いだけで進めた取り組みで、不安いっぱいでした。子どもたちは、おなかをすかせ、薄い雑炊をすすりました。お昼ご飯抜きだったことで、おなかがすいた経験はしましたが、塩の味が効いていて、「おいしかった」という子がいたりして、保育士自身は、複雑な思いで味わいました。しかし、今、振り返ってみると、おなかをすかせるという経験さえも、この子等にとってはなかったことだったので、子どもたちが生きている現代において、体を通して「戦争」を考えることも一つの方法であり、良かったのではないかと思いました。劇づくりの時、殺されていくぞうが、食べ物を欲しがり、飼育員に鼻を持ち上げ、芸を見せる場面があります。そのぞう役をした子は、「おなかすいとるんよ……」「ぼくらもごはん食べんかった時、おなかぺこぺこだったろ……」と、雑炊の時の経験を重ね合わせました。

（4）忘れられない保育の一場面

『かわいそうなぞう』の劇づくりはこうして、試行錯誤の中で進められ、子どもたちに「戦争の悲惨さを伝えたい。子どもたちがおとなになった時、『戦争はいやだ！』とはっきり言える子どもになってほしい」という思いだけで、先輩保育士とともにがんばってきた自分を思い出します。そんな私でしたが、『かわいそうなぞう』の取り組みをした時、忘れられない保育の一場面があります。

それは、発表会へ向けて、だいぶ劇の練習も進んできた頃のことでした。私は一年目の保育士として、無我夢中で毎日保育をしていましたが、自分自身、保育の力量のなさも目の当たりにしました。先輩の保育士は、次々に、子どもたちに、ぞうを殺す飼育員の気持ちはどうだったのか考えてみようなどと、『かわいそうなぞう』の核心に触れた語りかけを行い、演技についても、もっと、こうすれば……というような助言を与えつつ、子どもたちと相談して劇づくりは進められていきました。私もその場にいて、子どもたちと考えるのだけれど、これといった提案もできず、自分というものも見出せませんでした。

先輩が子どもの心や感情を引き出していくのに、自分の存在が見えなくて……。どうせ、自分なんかいなくても劇は作られていくものだと、保育に関わる意欲が薄れていくのを感じ、少し投げやりな部分さえ感じていました。そして、戦争の空襲の場面で、子どもたちが街の中を逃げ惑うシーンがあるのですが（舞台は、大きな机を六つくらい合わせ、その上で子どもたちは演技をする）、私は、子どもたちが逃げ惑う時、ガタガタと机が揺れないように、危なくないように押さえる役割を、毎日やっていました。そんな私の姿や、やる気が失せている気持ちを察してか、落合先生が「どうしたの……」と声をかけてくれた時がありました。理由をそのまま伝え、「落合先生、私なんかこの劇の中でいなくたって、だれも困らないし、劇は○○先生が、保育を進めてくれ、きちんと出来上がるんだと思います……」と、思っていることをそのまま伝えました。そんな私に落合先生は、「そうなんかね……」と応えました。

そして、次の日、同じように劇の練習が始まろうとしていました。すると、始めようとする時、私たち担当保育士を落合先生が呼び、「今日は子どもたちだけで、かわいそうなぞうの劇の練習ができるか見てみようや……」と、突然提案されたのでした。そして子どもたちに、「今日は、先生たち、どうしても用事があって、かわいそうなぞうの劇の練習ができんのよ……」と、架空の用事をつくり、子どもたちに話をし、私たちは、隣の事務室で子どもたちのようすをうかがうことになりました。

すると、どうでしょう。取りかかりには少し時間がかかったものの、リーダーの子が指揮をとり、劇の練習は始まったのです。そして最後までやり切ることができました。子どもたちは、場面に応じて次々に自分の役を演じ、劇をつくり上げようとしていました。子どもたちの一つの目標に進もうとする団結力をしっかりと見ることができたのです。

そして、もうひとつ、驚かされたこと……。それは、あの空襲で街の中を人々が逃げ惑う場面。いつも、机を押さえている私の場所には、私の代わりに子どもが必死で机を支えているではありませんか。落合先生はその場面を逃さず、私に見るように言い、「ほら、あんたの代わりをしよろがね……」と、話をしてくれたのでした。毎日、毎日、机を押さえるだけで、保育の魅力さえも忘れかけた時、子どもが自分の姿を見て、こんな私の役割もきちんと見てくれていたのだと、涙が溢れて止まりませんでした。自分は未熟かもしれないけれど、子どもたちとこの時を過ごしていることを改めて感じさせてくれたのでした。今、思えば、あの時、子どもの机を支える姿を見なかったら、子どもたちと何をつくり上げようとしていたのかもわからなくなってしまっていたと思います。

(5) あれから、三十年……

あれから、三十年……。私は、今、別の保育園で保育をしています。

あの時の保育、そして、今、『かわいそうなぞう』という劇を取り組めるかといえば……それは、正直言ってとても難しいものだと思いますし、それだけのエネルギーを燃やすこともできないと思います。

昭和の時代、やはり子どもの育ちをめぐってはさまざまな議論がなされ、しらけているのでは……とか言われていたのを思い出します。しかし、『かわいそうなぞう』に取り組むことにより、「戦争」という大きな問題を、わからないから難しいからといってそのままにするのではなく、五歳の子どもの発達や理解のなかで、精一杯、手立てや資料(教材・素材)をもとにして、子どもにこういう子どもに育ってほしい、こういう思いを大切にしてほしい、と子どもへの大きな願いを掲げてきました。その願いも今のように、「自分は、~になりたい、~でありたい」という〝個〟が強いものではなく、もっと、人と人を巻き込んだものであったように思います。また、その中には何か、失敗やできないことを卑下するようではなく、できなくても、失敗しても許せるような土台や人のつながり、温かさがあったように思います。

『かわいそうなぞう』の忘れてはならない点は、取り組みの中で子どもが成長していく姿はもちろんですが、保護者も子どもが演じる『かわいそうなぞう』を見て感動し、殺されるぞうや動物たち、毒入りのえさをやらざるをえなかった飼育員、逃げ惑う街の人々を演じる姿の中に、戦争のない、子どもが幸せに暮らせる未来を見つめ、その場が、子ども、保護者、そして、保育者が一体となり、共感し合っていたことだと思います。子どもの姿を通して、子どもの本来あるべき幸せや社会を見つめ、今何が大切なのかを考えるきっかけを提供し、メッセージを送り続けていたのではないかと思います。

時代や社会がどんどん移り変わって、人の価値観や考え方も変わってきてしまっていますが、私にとって、今も『かわいそうなぞう』は、子どもの幸せを思う原点であり、私自身の保育のスタートであったと思います。今、人の絆が薄れ、人と人の繋がりの大切さをどう子どもに伝えていくかを考える時、あの頃の『かわいそうなぞう』に代わるものは何なのか、日々、自分自身に問いながら、保育を見つめています。

小笠原真弓「『かわいそうなぞう』の劇づくりにとりくんで」『季刊保育問題研究』八十二号、一九八三年、一五〇～一五四頁
早乙女勝元 文／田島征三 絵『猫は生きている』理論社、一九七三年
島田開（監督）『猫は生きている』京都映画センター等企画／映画『猫は生きている』制作・普及委員会制作、一九七五年（人形劇映画）
新田保育所『なかまたち』二十号（昭和五十七年度）、一九八三年
野坂昭如『火垂るの墓』（改版）新潮社、一九七二年
マーシャ・ブラウン え／せたていじ やく『三びきのやぎのがらがらどん―ノルウェーの昔話』福音館書店、一九六五年
松原多恵子「「かわいそうなぞう」を通しての幼児の平和教育」『季刊保育問題研究五十六号』全国保育問題研究協議会、一九七六年、一五～三八頁
山﨑由紀子「三〇年先に伝えられるような保育実践　特別企画：想い出に残る全国集会―その2」『季刊保育問題研究』二百四十四号、二〇一〇年、一二五～一二六頁

第4章

「ぞう」をめぐる劇づくりの変遷

本章では、一人の保育者の目を通して、当時の視点から、『かわいそうなぞう』や『そして、トンキーもしんだ』（たなべ、1982）の劇づくりから離れ、『エルマーのぼうけん』（ガネット、1963）を経て、『ぞうれっしゃがやってきた』（小出、1983）に至る経緯について述べました。そのうえで、『ぞうれっしゃがやってきた』の劇づくりの取り組みを紹介します。ついで、この劇づくりに取り組んだ子どもが、現在母親となり、新田保育園に子どもをあずけているので、彼女に当時の思い出を語ってもらいました。併せて、当時の劇の脚本を載せました。最後に、現在の地点に立って、『かわいそうなぞう』、『そして、トンキーもしんだ』、及び『ぞうれっしゃがやってきた』の三つの劇づくりについて、その困難さや問題点と同時に、積極面を比較検討し、幼児期の劇づくりを再考しました。

1 『かわいそうなぞう』と『そして、トンキーもしんだ』から『ぞうれっしゃがやってきた』へ

松木久美子

私が新田保育園に就職した時は、『かわいそうなぞう』の劇は何年か続いていました。新田では、平和＝戦争のない世界、戦争の悲惨さを伝えることで、平和の大切さをわかってほしい、大き

くなった時に、戦争は絶対してはいけない、「戦争反対」と言え、行動できる人になってほしいと強い願いを持って取り組んでいたと思います。そして、見ている親たちにも平和な世の中を作っていきましょうとメッセージを送っていました。だから、私も自分が年長の担任になったら『かわいそうなぞう』をしようと思っていました。

その後も『かわいそうなぞう』は演じ続けられました。が、一九八二（昭和五七）年度に若い保育者が全国保問研の文学部会に提案を出した時（第3章参照）に、平和を戦争を通して直接的に伝えることもあるが、五歳児には友だちといろんな経験を通して笑いあったり、楽しんだりと間接的に平和を伝えるやり方があるのでは、と討論の中で聞いたことを報告してくれました。

その時は、平和教育の取り組み方の方法としてそんな考え方もあるんだと、とても新鮮に聞こえました。しかし、新田では、「ぞう」の劇をしなくてはいけない、それが平和教育なのだと誰もが思っていたので、その後も続けられました。

一九八四年度の時には、上野動物園の象は、戦争が激しくなって殺されたものではない、戦意高揚のために殺されたのだということがわかり、新しく出された『そして、トンキーもしんだ』の絵本を題材にした劇に変わりました。

内容も変わるので構成の仕方も一から作り直し、取り組んでいくうちに、今まではどちらかというと、象のほうに重きをおいていたのが、園長代理の福田さんや飼育係の思いや葛藤にも重きをおくような感じになり、「飼育係の人たちはどんな気持ちだろう？」「殺されていく動物たちはどんな気持ちだったろうね？」と内面を掘り下げていくような話し合いにもなっていきました。

『かわいそうなぞう』だったら、戦争で食べるものがなくおなかをすかして死んでいった象を思い、飼育係の人たちが「戦争はやめてくれ！」と叫んで終わっていたのが、戦意高揚のために象を殺さなければいけない、なんとか助けたいと思っても、軍の力には逆らえないというそんな時代、飼育係や福田さんの気持ちをどう伝えていけばいいのか、難しい問題にぶつかりました。

おなかをすかせた象の気持ちは、昼食をとらずに過ごすことで、疑似体験はでき、「おなかがすいて動けんかった」「食べれんかったらいやじゃ」と理解できたようですが、『象を殺すことで、この戦争が大変な状態にあるということを国民に知らせるためだった』ということの意味をどう伝えるか？ クラスの保育者たちは悩みました。また、戦争中は食べ物がなかったので、象にあげる食料を探すのは大変なことだったが、物があふれている現在の子どもたちに、それがどうわかるだろうか？と、内容を深く掘り下げて考えてしまうのでした。

しかしそれでも、平和教育としての劇作りだという使命感のような思いで取り組んでいきました。『写真集　子どもたちの昭和史』（子どもたちの昭和史編集委員会、1984）の本を買い、戦争前後の人々の生活を見たりしていると、上野動物園で殺された動物の剥製があったりして、絵本の内容を少し理解していったようでした。また、『象のいない動物園』（斎藤、1982）の本から、絵本にはない上野動物園の象の話を聞かせたり、以前からしていましたが、『おかあちゃんごめんね』（早乙女、2001）『りゅう子の白い旗』（新川、1985）など、東京大空襲や沖縄戦、原爆など戦争に関する内容の本を読んだり、『対馬丸』（対馬丸制作委員会、1982）の映画を見たり、戦争中の話を落合先生に語ってもらったり、いろんな角度から戦争というものを伝えていきました。最後に全員でうたう歌も、「青い空は」「似の島」「折鶴」など、多くの保育者も参加して歌詞の意味も伝えながら、うたっていました。

子どもたちは、毎年見ていることもあり、子どもたちなりに大きくなったら「ぞう」の劇をするんだと思っていたようです。また、親たちも自分の子どもが大きくなったら、どんな劇になるんだろう、わが子はどの役をするんだろう、など、いろいろ思いがあったようです。

ところが保育者のほうは、子どもたちや親の思いとは逆で、続けることになると昨年とは違う劇にしなくてはいけない、基本の筋は変えないけど、一味違った内容にしなければ、と悩むのです。どこかで劇を見直したい。このままでいいのだろうか？　変えたいよね？　と、あちこちで保育者たちは話していました。

一九八九（平成元）年になって、クラスを受け持った時に、今年は思い切って劇を変えたいと思い、職員会に出してみました。その時に、子どもたちが楽しいと思える劇にしたい、直接的に戦争を通して平和を伝えることは、絵本でもいいし、他のやり方を考えてもいいのではないだろうか、友だちと楽しい経験を通して、仲間っていいな、友だちといて楽しいなと、間接的に「平和」ってこんなことなんだと、感じるのもいいのではないか、と話しました。

落合園長としてはずっと続かせていきたい思いがあったと思いますが、他の職員が賛成の意思表示をしてくれて、変えることになりました。でも、これまで続けてきた平和教育の取り組みはどこかに入れていくということになりました。

ところが、これまで続けてきた「ぞう」の劇では、積み上げてきた形があったから、その上に毎年の脚色をしていけばできていたものが、何にもないところから作っていく苦労を味わうのです。「ぞう」を期待する親の声もあり、それに匹敵するほどのものを作っていかなければと、これが、ずいぶんプレッシャーになりました。が、子どもたちの大好きな『エルマーのぼうけん』で、遊んで楽しみ、なんとか形になって劇ができました。

翌年は、ちょうど七月に市民合唱団が「反核・平和コンサート」で「象列車がやってきた」の構成合唱をするので、団員を募集していました。年長クラス担任の一人が合唱団の一員であったこともあり、子どもたちや親に参加を求めました。

半数ほどの子どもたちが参加することになったので、保育の合間にテープを流し、みんなで歌をうたい、練習していました。音楽がかかると、大合唱になるほど子どもたちは大好きでした。「象列車は、子どもたちが走らせたんよ」と、歌詞の意味も伝え、絵本も読んで内容を知らせていきました。当日は、ほとんどの子どもが参加したと思います。

運動会が終わり、今年の劇はなにをするか話し合った時に、子どもたちから「象列車がしたい」とすぐに出てきました。昨年の職員会で、「ぞう」以外の劇を何年かしてみようとなったのに、私たちもびっくりでした。

「ほかにしたいものはない？」と聞くと、『エルマーのぼうけん』『おむすびころりん』（西本他、1991）など二、三人から出ました。そこで、どうしてそれがしたいのかを、それぞれに聞いていきました。「エルマーは動物でるけんおもしろい」「おむすびころりんは、おむすびがころがっていくのがおもしろい」と、考えて自己主張します。『エルマー』は昨年の劇で演じたものです。『おむすび』は、グループで劇あそびした時のものでした。「じゃあ、象列車がいいと思う人はどうして？」と聞くと、「象列車は、象が死なんかったからよかった」「象を守ったけんよかった」「子どもが象列車を走らせたのがよかった」と、それぞれの言葉で出してきます。みんなの合意を得たかったので、違う劇を言っていた子どもたちにも「自分のしたいと思うのを、もっと言ってみて」と言い、「ぞう」をしたい子たちにも「もっと、こっちのほうがいいよって言ってみたら」と、けしかけてみました。

するると、「戦争で象が殺されんかったんぞ」「みんなでしよや」「象しよや」と、心情に訴えていました。他をしたいと言っていた子は、どうしてもというわけでもなかったようで、誘われると、「ええよ」とあっさり鞍替えして、全員がするということになりました。

『そして、トンキーもしんだ』の本を読むと、子どもたちは「かわいそう」と言い、涙ぐむ子もいました。しかし、『ぞうれっしゃ……』を読むととてもいい表情をし、「象列車大好き」と言います。どうしてこれほどに象列車が好きなのか？　死んでいく悲しみよりも力強く生きている、そして、それを守り抜いた人たちがいた、なにより象列車を走らせたのは、子どもたちだったということが、自分たちのものとして受け止められたのではないかと思いました。

2 『ぞうれっしゃがやってきた』の劇づくりへの取り組み

松木久美子

毎日絵本を読んで、物語の内容や流れがわかるようにしました。絵本を購入し、各家庭に渡して読んでもらったり、保育園に持ってきて練習で使うこともしました。

また、『象のいない動物園』を読んで、象列車を走らせた子ども会議の内容や、象列車の絵本を書いた小出さんたちが書かれた『ぞうれっしゃよ走れ』（清水他、1989）という本を読んで、サーカスのお姉さんたちの気持ち、東山動物園の園長さんの象に対する思い、飼育係の象を守ろうとした努力、東京の子ども会議の子どもたちがやってきての様子など、絵本にはない内容を劇の練習をしていく中で、みんなに読んで知らせていきました。

場面分けは、絵本を見ながら子どもたちと決めていきました。絵本に沿っていくのでわかりやすく決められましたが、当時はまだ戦争場面が入るとリアルさが出ると思って、保育者の側から入れるようにしました。

場面が分かれると、役決めです。

「どんな役があるかな？」と聞いてみると、園長代理の福田さん、飼育係、動物、象四頭、サーカスのお姉さん、軍人、子どもの代表は、絵本に出ているのでわかりました。戦争場面に出てくる子どもたちは保育者から提起しました。「どの役になりたいか」と聞いて、重なった場合はオーディションで決めます。子どもは二十六人（内障がい児三人）、保育者の思いもあり、それぞれがどう折り合いをつけていくか、難しいところです。

象には立候補が六人ほど出たと思います。でも、四頭なので、みんなの前で演技して、みんなに選んでもらいます。象の動きがどうかを視点としました。サーカスのお姉さんは、女の子に人気がありました。

いろんな役を経験してみて、自分はこれがしたいと役を選ぶより、先に役を決めたので、あまりイメージがないまま象やお姉さんに人数が集まったと思います。もっと、時間をかけて役決めしてもよかったと思いますが、当時はそんなやり方していました。劇の配役は、その劇を作っていくうえでとても大事なものだと思っていました。楽しい劇とは違い、内容の難しいものなので役になってセリフや動きで内面を作っていこうとしていました。ほんとうに劇団みたいです。

三人の保育者で、どの子が園長になったらいいだろう。飼育係は？　象は？　と、話し合いました。

それぞれの子どもたちの個性とできる力を考えながら、ある程度、役は誰にするか決めました。

子どもたちのなかには、やりたかった役になれず、がっかりした子もいたかもわかりませんが、保育者は、みんなで作っていくのだから、みんな大事な役なんだと話しました。

セリフ作りは、場面ごとに分かれてそれぞれの役になった子どもたちで考えていきました。絵本から取ったり、どんなふうに言ったらいいだろうねと、それぞれの場面に出る子どもたちで考えたり、動きながら声に出してみたり、保育者の思いを伝えたりしながら作っていきました。

場面ごとに練習した後、みんなで見せ合います。ある時の戦争場面の練習では、子どもたちが爆撃にあいみんな死んでしまい、一人生き残ったゆう子ちゃんが、友だちが倒れているところへ行き、友だちの名前を呼びながら揺すり、死んでしまったとわかり、「どうして、みんな死んでしまったの?」と演じながらほんとうに涙を流していました。見ていた女の子たちも保育者も泣いてしまいました。どうして泣いてしまったのか聞いてみると、「悲しくなった」との答えが返ってきました。練習を繰り返すうちに、気持ちが入り込んでしまったのでしょう。そんな姿に、他の子たちも刺激を受けて、だんだんと自分の役にも真剣に取り組もうとする姿がありました。

動物たちは、短いセリフの中に思いを込めて、体で表現します。毒入りの肉を食べて、すぐにドサッと倒れるしんちゃん。「くるしいよ～!」のセリフにどんな思いがあったんだろうか? 問いかけてみます。

保育者「毒って何かわかる?」

子ども　しばらく考えて、「食べたら死ぬ」
保育者「そうよ。毒の入った食べ物を食べて、トラが死んだものね」
子ども「どうして、殺されたと思う？」
子ども「戦争じゃけん」
「軍の人が殺せゆうた」
保育者「トラは、死にたかったかな？」
子ども「死にたくなかった」
保育者「そうだよね。戦争のために殺されるなんていやだよね。死にたくなんかないよね」
「むずかしいけど、毒の入ったえさを食べたトラは、どんな気持ちだったろうね？」
子ども「死にたくないと思いよった」
「死ぬのがいやじゃと思いよる」
「助けてと、思っとった」

そんな応答が続きました。
動物の思いとともに、飼育係の人がどんな思いで、動物たちを飼育していたのかも話しました。本の中に「子どものようにかわいがっていた動物たちを殺さなければならないことを思うと、夜も眠れなかったり、つらい気持ちであった」ことが書かれており、それを読んで飼育係の人の気持ちや、また飼育係の人を信じて殺されていった動物たちのことをつなげて話しました。

人間の勝手で殺されていく動物たち。自分の子どものように、大事に育てた動物を殺さなければならない園長や飼育係の人たち。ひとつの言葉の中に込められている思いを感じながら、セリフを言ってほしいと思っていました。次からは、ちょっとセリフの言い方が変わってきました。ときに、友だちの意見を聞くと、自分では表現がわからないところがわかって、もっと役の気持ちに近づけることがあります。

しかし、保育者の思い入れが強く出て、やらせてしまうこともありました。サーカスのお姉さんが象と別れる場面で、いともあっさりセリフと離れる動作をしていました。子どもなのであたり前なのでしょうが、「今までずっといっしょだった象と別れるんよ。どんな気持ちだったと思う？自分の子どものようにかわいがっていた象が、いなくなるんよ」と、保育者の指示通りに子どもを動かそうとした時もありました。しかし、いっしょに受け持っていた保育者たちは、二人とも若く、意見を言うより見守るような感じでした。そして、あの頃の事を聞いてみると、「子どもたちといっしょにつくっていった思い出がある」「ふだんからの子どもたちとの信頼関係があったから、それに応えてくれたのだと思う」と言ってくれました。

当日は、ほんとうに子どもたちは熱演して、最後に象列車の歌をうたい始めるころから、涙を流している子どもたちに、保育者も泣き、お母さんたちも泣いて、感動のうちに終わりました。

当時、終わってから数日後、若い保育者はあの涙はなんだったんだろうと、二人で話したそうです。感動の涙か、終わったという安心感からか……どちらもだろうと結論づけたらしいのですが、後で子どもたちに聞けばよかったと思いました。きっと、お母さんたちの涙を見て、もらい泣きしたのではないかと思っているのですが、真相は闇の中です。

現在、当時の子どもが、わが子を園に預けていますが、「ぞう」の劇をしてよかったと言ってくれました。平和教育としての役割が果たせたのかなと思います。

ぞうになりきって演ずる子どもたち

脚本「ぞうれっしゃがやってきた」

【場面1】 サーカスから動物園へ

ナレーター 一九三七年、日本は中国と戦争を始めました。しかし、まだ街は活気にあふれ、サーカスの興行も行なわれていました。そして、名古屋の街にも木下サーカス団がやって来ました。東山動物園の園長さんはさっそくサーカスを見に行きました。

（サーカスのお姉さんのはづきが出る）

（象四頭　そくてんで登場）

お姉さんA 登場しました象さんたちは、アドン・マカニー・エルド・キーコの四頭です。

― 子どもたちの拍手（楽屋裏から）―

（お姉さんの　あきも登場）

（象たち、横に整列する）

お姉さんB まず、みなさんにごあいさつです。

（象たちいっせいに大きくおじぎをする）

― 子どもたちの拍手 ―

お姉さんA おいで

（象たち、舞台横に並ぶ）

お姉さんB それでは、象さんたちの逆立ちをご覧に入れましょう。
まず1番目は、アドンです。

（象たち、順番に倒立をする）

お姉さんA 次は、マカニーです。
エルドです。
最後は、キーコです。

お姉さんB それでは、もう一度みなさんにごあいさつをしましょう。

― 子どもたちの拍手 ―

お姉さんA　おいで。
（象たち、退場）
（園長、舞台前に出てくる）
園長　なんてすばらしいんだろう。あの象たちを、なんとかうちの動物園に、譲ってもらえないものだろうか。
ナレーター　園長さんの願いに、サーカスの団長さんも象たちのことを考え、動物園に象をゆずる決心をしてくれました。しかし、一番つらい思いをしたのは象使いのお姉さんたちでした。
（象使いが、象たちを連れて動物園にむかう）
ナレーター　象たちが動物園に連れて行かれたのは、寒い冬の朝。どんより曇った灰色の空から冷たい雨が降っていました。
お姉さんB　雨が雪に変わってきたみたいね。寒くないかい。
お姉さんA　私の服をかぶせてあげるね。
—　しばらく舞台を歩く　—
（舞台裏で）
飼育係①　あっ、象がきたぞ。
飼育係②　ほんとうだ！　動物園に象たちがやってきた。
（園長・飼育係が登場）
園長　よく決心してくれました。ありがとうございます。
（象使い、象たちをなでながら……）
お姉さんA　マカニー、元気でがんばるのよ。
お姉さんB　エルド、えさをたくさん食べるのよ。
お姉さんA　キーコ、みんなにかわいがってもらってね。

お姉さんB　アドン、私たちを忘れないでね。

—　泣き崩れる　—

お姉さんA　おまえたちと別れたくない。

お姉さんB　私も別れたくない。

園長　こんなに象をかわいがっているお姉さんたちのためにも、象たちをしっかり守っていかなくては……。

飼育係①　それでは、象の小屋に案内しましょう。こちらです。

（全員、退場）

【場面2】　東山動物園

ナレーター　戦争が続くうちに、動物たちのえさも少なくなってきました。動物園では、象たちの大好きなおにぎりも、あまり食べさせてもらえなくなりました。

（飼育係・象たち登場）

飼育係②　さあ、おにぎりだよ。

飼育係③　おいしいかい。

飼育係①　たくさんあげれなくて、ごめんね。もう、これだけしかないんだよ。

飼育係③　だんだんえさが、足りなくなってきたね。

飼育係①　明日から空き地を耕して、野菜やいもをつくろう。

飼育係②　そうだね。これから、私達でえさを作ってやろうね。

全員　よし、がんばろう！

飼育係①　さあ、マカニー、エルド、小屋に帰ろうね。

飼育係②　アドン、キーコ、帰るよ。

（飼育係、象たちが退場）

ナレーター　ところが、日本はまたアメリカなど世界の国々と戦争を始めてしまいました。その頃には、人間も食べる物が少なくなって、動物たちにやるえさは、ますます足りなくなりました。

（飼育係、登場）

飼育係②　だいぶ、いものつるも伸びてきたなあ。

飼育係③　これで少しは、えさがやれるね。

園長　お～い、みんな～。大変な知らせがはいった。

全員　なんですか？

園長　東京の上野動物園で、象やもうじゅうが殺された！

飼育係③　なんですって！

飼育係②　罪もない動物たちをなぜだ！

飼育係①　園長。私たちの動物園は大丈夫でしょうか？

園長　上野動物園では、軍の命令で動物たちが殺されたのだ。この動物園にもいつ命令がくるかわからない。

飼育係①　そんな！　動物を殺すなんてイヤです。

飼育係③　私にはできません。

飼育係②　どうして動物を殺さなければいけないのですか？

園長　それはわからない。……でも、私だって殺したくない！

飼育係①　動物たちが待っているから、えさを持って帰ろう。

【場面3】　動物の死

ナレーター　始めのうちは、いきおいよく勝ち進んでいた日本軍は、やがて負け始めました。

隊長　何をぐずぐずしている。早くしろ！

飼育係②　お肉だよ。

とら　苦しいよう。

（苦しみながら死んでいく）

飼育係③　お肉を食べておくれ。

らいおん　これには毒がはいっている。

飼育係③　らいおんは、においでわかるんです。

隊長　しかたない。銃で撃て！

（銃声の音）

らいおん　うわー、痛いよ。

（倒れてもがき、死んでいく）

隊長　今度はくまだ！

飼育係①　今の銃声で、くまはおびえているんです。

隊長　それでは、えさでくまをおびきだせ！

そして、アメリカ軍の飛行機がたくさん飛んで来て、焼夷弾や爆弾を日本の街に落とすようになりました。ある朝、とうとう軍の命令が東山動物園にきました。

軍人ア　われわれは、動物園の警護のために、家にも帰れない。

軍人イ　人間が大事か、動物が大事か、どちらだ！

軍人ア　早く動物を殺させろ！

隊長　これは軍の命令だぞ！

軍の命令に逆らうと、どんなことになるかわかっているのか！

園長　（腕を組んで考えて……）残念です。やってください。

隊長　よし、行くぞ！

飼育係全員　園長！

園長　許してくれ。

飼育係①　おい、えさだよ。出ておいで。
隊長　つきのわを撃てば簡単だ。くまを立たせろ！
早くしろ！
飼育係①　おまえの好きないもだぞ。
――立ち上がったところで……――
隊長　撃てー！
（銃声の音）
くま　うわー。死にたくないよー
（苦しんで死んでいく）
飼育係①　許してくれー、許してくれー。
（軍人、退場。幕が閉まる）
園長　お願いです。象だけは殺さないでください。
（舞台の幕の前で）
隊長　他の動物園では、象やもうじゅうは殺されているんだ。ここだけ特別というわけには、いかんだろうが！
園長　象のおりは丈夫に作ってあるから大丈夫です。それに、象は人間になついています。
普通のもうじゅうと違います！
隊長　軍の命令がきけんのか！
園長　私たちは、どうしても象を殺すことができません。象を殺すなら、私を殺してからにしてください！
隊長　なんだと！　きさまとは、話しができん！
（幕の中に消える）
園長　待ってください！　まだ、話は終わっていません。
（追いかけて幕の中に消える）

【場面4】　象の死

ナレーター 園長や、飼育係の人たちの必死の願いが通じたのか、象は殺されずにすみました。しかし戦争が長引き、冬だというのに暖房もしてもらえず、寒さに震えおなかもすかしていました。
アドン あー、おなかがすいたね。
キーコ 日本の国はなんて寒いところなんだろう。寒くてたまらないわ。
エルド サーカスにいたころがなつかしいね。
マカニー たくさんえさをもらえたし、子どもたちにも会えたしね。また、サーカスに帰りたいね。
キーコ さむい、さむい。あったかい国に帰りたいよう……　（倒れる）
マカニー キーコ、キーコ。どうしたんだ。
アドン もうおなかがすいて動けない。なにか食べ物がほしい。えさをくださーい。（倒れる）
エルド あっ、アドン、目を開けて。お願いだから死なないで。（体をゆする）
誰か助けて、助けてくださーい。
飼育係① （舞台のそでから）象の様子がおかしいぞ。
飼育係② なにかあったのかなあ。（様子を見に舞台に出る）あっ、キーコが死んでる！
飼育係③ アドンも死んでる。
飼育係① ごめんね。えさもやれず、許しておくれ。
飼育係② おはかにうめてやろう。
（みんなで象をかついで、退場）
エルド アドンもキーコも死んでしまったね。

マカニー　とうとう、ぼくたちだけになってしまったね。

（飼育係二人登場）

飼育係①　マカニー、エルド。おまえたちだけでも生きるんだよ。

飼育係②　少し、散歩でもさせてあげようね。

（象と飼育係退場）

【場面５】　戦争場面

ナレーター　戦争が激しくなってくると、子どもたちは親元を離れ、田舎に疎開するようになりました。しかし、疎開先でも、子どもたちは安心して遊ぶことができませんでした。

（子どもたち、出てきながら……）

めぐ　はなちゃんもいっしょに遊ぼうね。

ゆきこ　みんな、今度は何して遊ぶ？

みき　かごめかごめをしよう。

あい　そうしよう。じゃんけんで鬼を決めようよ。

全員　「ジャンケンポン、あいこでしょ」

あい　あっ、○○ちゃんが鬼だ。

全員　かごめかごめ……（遊んでいる）

――サイレンの音――

警報団員　空襲警報ー、空襲警報ー

みき　みんな早く逃げましょう。

あい　早く早く、ここは危ないわ。

ゆきこ　わたしは、よっちゃんを連れて逃げなければ……

めぐ　はなちゃん、早く逃げるのよ。

ゆきこ　よっちゃん、どこにいるの？

よしお　お姉ちゃん、ここだよ。

ゆきこ　早く逃げましょう。

よしお　うん

――舞台を走って逃げるが、爆弾で倒れて

いく ―

― みんな倒れた後、ゆきこが起き上がる ―

ゆきこ （一人ひとり名前を呼びながら、揺り動かす）よっちゃん……、めぐちゃん……、あいちゃん……、みきちゃん……、みんな死んでしまったの？　私だけおいて死んでしまったの？

（幕が閉まる）

【場面6】 象を貸してください

ナレーター 一九四五年、長かった戦争がやっと終わりました。マカニーもエルドは、生き残りました。日本で象がいるのは、東山動物園だけでした。そのことを知った東京の子どもたちは、象を貸して欲しいとお願いをし、代表の二人が名古屋にやってきました。

れいこ 園長さん、お願いします。東京の子どもたちのために、象を一頭貸してください。

けい 象をまだ見たことのない子どもたちが、たくさんいるんです。お願いします。

園長 私も東京の子どもたちの願いをきいてあげたいのですが……

れいこ 十万人の子どもたちが、象を見たいと待っているんです。おもちゃもお菓子もがまんして、象に会えるのを楽しみにしているんです。お願いします。

園長 それでは、マカニーをおりから出してみましょう。見ていてくださいね。

飼育係①　マカニー、出ておいで。エルドはここにいるんだ。
（飼育係、マカニーだけ連れていく）
エルド　マカニー、どこへ行くの？
マカニー　エルドが呼んでいる。
エルド　マカニー、どこへ行くの？
マカニー　エルドが呼んでいるんです。
エルド　マカニー、私を一人ぼっちにしないで〜！
マカニー　エルド〜、エルド〜
（マカニーはエルドのところに引き返し、鼻を寄せ合う）
園長　見ていただけましたか？　長い戦争の間、二頭はいつも支えあって生きてきたんです。マカニーがいなくなれば、エルドはきっと死んでしまうでしょう。そんな二頭を引き離すことはできないのです。
けい　そんな、私、このままでは東京へ帰れません。
園長　わかりました。何かいい方法を考えましょう。
（幕が閉まる）
ナレーター　（幕の前で）この話を聞いた国鉄は、象を見たいと願っている子どもたちのために、象列車を出す約束をしました。これが、象列車です。
子どもたちの夢をのせ、象列車は名古屋の東山動物園へと向かいました。
（列車の出発音）
（幕が開くと、二列に横並びに腰をおろしている）
（子どもたちが、次々と立って言う）
象に会えるんだ。

ぞうさんの鼻は長いかなあ。
大きな体してるかなあ。
耳は大きいかなあ。

半数の子　大好きなぞうさんに、会いに行こう。

全員で　みんなで、会いに行こう。

（象列車の歌をうたう）

（幕が閉まる）

＊私が、二回目に「象列車がやってきた」をした時には、戦争場面は子どもに理解させるのは、やはり難しいと思い、戦争が終わってからの子どもたちの生活やあそびを入れました。

『象のいない動物園』の本から、ヒデとみよこの二人が上野動物園に行き、紙に描いた象を見て、友だちに知らせる場面と、子ども会議が開かれる場面を入れました。

三回目からは、子ども会議での話し合いを、『象のいない動物園』から引用してセリフを作り、子どもの人数が多い時は、東京の子ども会議と名古屋の子ども会議と、ふたつの場面を入れました。

小出隆司・作　箕田源二郎・絵
岩崎書店　一九八三年刊

3　『ぞうれっしゃ』を演じた卒園生が、当時を語る

永野葉月

私は、一九九〇（平成二）年三月の卒園生です。兄弟が三人います。みんな新田保育園の卒園生であり、みんな年長さんで『ぞうれっしゃがやってきた』を演じています。

はっきりとは覚えていませんが、覚えている限りでは……

私は、年中さんの時から年長さんで『ぞうれっしゃ』の劇を生活発表会で演じることを楽しみにしていました。そして、年長さんになり、生活発表会の前の時期になりました。

『ぞうれっしゃ』が始まる前に、先生と配役を決めたと思います。配役の数も多く、一人ひとりの性格を理解したうえでの配役……先生方はすごく大変だったと思います。今考えると、これからの長い道のりを知らず、喜んでいた自分たちに、肩をポンポンとたたいてやりたいです。

その日の数日後から、練習が始まったんだと思います。先生に何度か絵本は読んでもらっていたので、話のすじはだいたいは理解していました。

練習が始まり、台詞も一つひとつ長くて、覚えるのは、みんな家で練習をしたと思います。

先生方も、最後の劇なので、いい物をつくろうとしてくれていたんだと思いますが、たまに怖

かった先生を覚えています！

私は、象使いのお姉さん役でしたが、練習を重ねていくことで、昔の象に対する期待、動物たちが殺処分される意味、戦争で、空襲で人が死んでいくことなど、幼かった私は、複雑な心境でした。母は、その時私が祖父や祖母に話を聞いていた、と言っていました。

私は、『ぞうれっしゃ』という話を知って、すごくよかった、と思っています。

小学校へ行って戦争のことを学び、なぜ殺処分や戦争、空襲、象が見たかったのか理解したとき、なんだか胸がいっぱいになりました。

もう約二十年前になりますが、この劇をはっきり覚えています。

何回も劇のビデオを見ましたが、やっぱりすごいです。私の息子は今、新田保育園の年中さんです。来年は年長さんです。今はもう『ぞうれっしゃ』はしていないのは残念でした。

人が死に、動物たちを殺す。

親の立場から見て、嫌な方もいられるでしょう。

でも私は、息子にも劇ではなくても、絵本などで同じ体験をして、少しでも戦争のことに触れていてもらいたいな、と思います。

先生方に、『ぞうれっしゃ』というすばらしい作品に出会わしていただいて感謝しています。ありがとうございました。

4　三つの「ぞう」の劇づくりにおける積極面と消極面

渡辺弘純

この項では、幼児期の劇づくりにおいて、『かわいそうなぞう』『そして、トンキーもしんだ』及び『ぞうれっしゃがやってきた』は、どのような困難さや問題点があるのか、また、どのような積極面があるのか考えてみます。

『かわいそうなぞう』については、あらすじに書いたように（六一頁参照）、大変わかりやすいお話です。理不尽ではあるけれど、戦争のために、象が殺された、というお話です。劇づくりとなると、別の困難さが付け加えられるかもしれませんが、この物語の展開自体は、年長になった幼児には十分に理解できると考えられます。多くの園で、この絵本の読み聞かせが行われています。そして、話が進むにつれて、みんなが悲しくなり、読み聞かせの場が静かになっていることからもよくわかります。なかには、涙ぐむ子どもも出てくるのです。

この絵本に対して、史実にもとづいていないという批判（長谷川、1981）がなされ、史実にもとづいた絵本として、『そして、トンキーもしんだ』が出版されました。

一般には、そのきっかけは、次のようなことから展開したのではなかったかと思います。毎年八月が近づくと、新聞やテレビで、戦争や平和の問題が取り上げられるようになるのですが、ある年、戦争中に上野動物園で飼育係をしていた渋谷信吉さんという男性が、戦後三十五年をすぎてから初めて、その当時の事について口を開いたといって、大々的に報道されたのでした。渋谷さんの話として、かわいがっていた象を殺さなければならなかった戦争という理不尽さ、やるせない人間としての思いが吐露されていました。自分が飼育している動物が殺される日にワザと欠勤してみたり、やってはいけないエサをこっそりやってみたりしたこと、これらをみんな誰にも何にも言わずに黙認していたこと、アルコールをあおって気を紛らわせたことなど、を話していました。

一九八二年の八月、『季刊児童文学批評』の長谷川さん（1981）の評論が、ＮＨＫのプロデューサーの目に留まり、ＮＨＫ特集として、ドキュメンタリー番組『そしてトンキーもしんだ――子が父からきくせんそうどう話』が放映されたのでした。これが、第3章で紹介した『かわいそうなぞう』の劇づくりをしていた折に、父母が保育園へ持ってきたビデオテープだったのです。その後、その年の十一月には、絵本として『そして、トンキーもしんだ』が出版されたのでした。

史実に忠実に示す（小森，1997）と、象や猛獣類を殺すように命じたのは、軍ではなくて、東京都初代長官（今の都知事）でした。また、命令が出されたのは、一九四三（昭和十八）年八月十六日のことであり、東京への空襲がまだ激しくなる前のことでした。空襲で猛獣が逃げ出すと危険だからという切羽詰まった理由からではなく、国民の戦意高揚のためという理由からでした。そして、東京都は、九月四日に動物慰霊碑の前で、慰霊法要を行いました。その折には、象の檻は、幕で隠されていました。慰霊法要は、新聞等でも報道され、象と綱引きしたり、象の芸当を楽しみにしていた子どもたちも、涙を流して悲しんだそうです。しかし、八月二十九日に、象のジョンは亡くなっていましたが、ワンリーもトンキーもまだ生きていました。それから、七日後、九月十一日にワンリーが、十九日後の九月二十三日にトンキーが、餓死したのでした。

『かわいそうなぞう』と対比させ、それとの違いを出そうとすると、『そして、トンキーもしんだ』は、ずいぶん難しいものになります。第3章に書きましたが、『かわいそうなぞう』の劇づくりをしながら、その途中で新しい事実について報道され、その事実を考慮して、史実にも忠実に表現しようとした一九八二年の劇づくりが大変だったのはとてもよくわかります。

戦意高揚のため、空襲がまだ激しくない時期に、象を殺すということを、幼児に理解させるのは大変難しいことです。「戦意高揚」自体が、なかなか理解するのは困難ですが、それに加えて、前もって「象を殺すこと」が、なぜ戦意高揚につながるかということは、もっと難しいのではないでしょうか。また、まだ生きている象を幕で隠して慰霊祭をするというのは、幼児にとって、それ以上に、理解不能な事柄ではないかと思います。

新田保育園では、これらの事実に敏感に対応したのではありませんでした。当初は、「エー、どんなこと？」「どこが違っているの？」という認識で、それほど深く掘り下げて「史実に忠実に」といったふうでもなかった、と園長先生は話されていました。しかし、親からビデオテープが持ち込まれたり、連日マスコミの報道に触れたり、絵本『そして、トンキーもしんだ』を取り寄せたりして、しだいに事の顛末を学んでいきました。世の中の流れを、充分に認識したのでした。そして、事実を認識したうえで、史実に忠実な『そして、トンキーもしんだ』の劇づくりを、子どもたちとともに続けたのでした。記録をみると、一九八三（昭和五八）年から一九八七（昭和六二）年まで五回連続上演し、間に五年置いて、一九九三（平成五）年にもう一回上演しています。

ある年、一九八八（昭和六三）年だったのでしょうか、『そして、トンキーもしんだ』の絵本は絶版になってしまいました。その一方で、『かわいそうなぞう』の絵本は出版され続けていました。不思議な気持ちになったと、これも園長先生が話されました。そして、とくに議論をしたわけではないのですが、『そして、トンキーもしんだ』の劇は、最近では、新田保育園で上演されなくなっています。

現在の地点で、「史実に忠実であること」について、一つ思うことがあります。父母や保育者が、真実について、ほんとうの事実を知ることは、とても大切なことだと思います。しかし、事実をそのまま、幼児期における劇に反映させることが、適切ではない場合もあると考えるのです。幼児期の子どもたちが、十分に理解し、感じることのできる事柄に翻案しないまま劇づくりをやってしまうと、父母や保育者の考え方や感じ方の押しつけになってしまうと思うのです。あまり形にとらわれることなく、子どもたちが理解し感じられる範囲で、劇をつくったらいいのではないかと思うのです。というより、むしろ、子どもたちが、自分たちの認識と感じ方で、新しく劇を創り出す（創り変える）といった感覚で、保育者たちは、劇づくりに関わる必要があるのではないかと考えるのです。したがって、『そして、トンキーもしんだ』の絵本そのものを忠実に劇にするのは、幼児期の子どもには無理があることを承知したうえで、場合よっては、大胆に、ある部分を省略して、子どもたちとともに劇をつくるという柔軟さが必要だったのではないか、と思うのです。これは、『かわいそうなぞう』についても、「ぞう」ではない、その他の劇づくりにも共通する原理ではないでしょうか。このことは、劇づくりにおいて、絶えず頭においておく必要があります。

また一方で、史実として、名古屋の東山動物園では、戦火をくぐり抜けて、戦後も二頭の象が生き抜いていたことがわかりました。このことは、『ぞうれっしゃがやってきた』という絵本にもなりました。この絵本のあらすじは、以下の通りです。

一九三七（昭和一二）年、開園したばかりの名古屋市立東山動物園に、サーカスから四頭の象がもらわれてきました。アドン、エルド、マカニー、そして、キーコでした。やがて、太平洋戦争が始まり、日本の都市が空襲をうけるようになりました。「猛獣が逃げ出したら危険だ」ということで、「動物を殺せ」という命令が出されるようになりました。動物園の人たちにとって、大変つらいことでした。園長は、象を守りたいと思い、軍や警察に訴え、何とか殺されることだけは免れました。しかし、動物園の空き地をすべて畑にしてもエサが足りず、寒さと飢えで、昭和十九年にキーコを、昭和二十年にアドンを失いました。戦争が終わった時、マカニーとエルドは生きていました。戦火の中で、二頭の象を守り抜いたのでした。

一九四九（昭和二十四）年、東京の子ども会議で、動物園のことが議題になりました。そして、日本中でたった二頭、名古屋の動物園に象がいると知った東京の子どもたちは、東京に貸してもらおうと決めました。代表を名古屋に送って、園長と交渉しました。しかし、弱っている象たちを東京へ輸送することは無理でした。仲の良い二頭のぞうを引き離すことも無理でした。そこで、象を運ぶ代わりに、象を見るために、子どもたちを運ぼうということになりました。子どもたちの熱意が大人たちを動かし、マカニーとエルドを見るための象列車が運行され、日本の各地から名古屋まで、たくさんの子どもたちを運んだのでした。

『かわいそうなぞう』や『そして、トンキーもしんだ』といった「ぞう」の劇から離れて、『エルマーのぼうけん』の劇づくりをした新田保育園の保育者たちでしたが、子どもたちの声に押されて、一年にして、再び「ぞう」の劇に帰っていきました。そして、『ぞうれっしゃがやってきた』の劇を上演しました。

『かわいそうなぞう』や『そして、トンキーもしんだ』と『ぞうれっしゃがやってきた』は、いったいどこが違っているのでしょうか。

戦争の時代に、空襲で逃げ出すと危険だからという理由で、象を殺せという命令が出される。そして、十分エサをもらえなかったために、象が餓死していく。そこには、動物園長や飼育係の苦悩があった。このような点は、だいたいにおいて、すべての絵本に共通しています。ただ、理由が戦意高揚のためだったという点で異なっていたり、命令が、軍から出されたのではなく、東京都から出されていた、といった点で異なっているということは言えます。エサをやらずに餓死させた場合もあれば、エサを必死でやろうとしたが餓死してしまったり、戦後まで象が生き延びたという場合があるという点で違っています。その中で、何よりも大きな違いは、『ぞうれっしゃがやってきた』では、「象が生きている」ことです。そして、物語の最初は悲しい話であるけれども、戦争が終わってからは、どんどん話が明るいほうへ展開していくのです。象を見る夢が現実のものとなり、象列車に乗り込み、一路列車が名古屋へ向かって走っていく、そのクライマックスで劇が終わるのです。希望に溢れたお話として、劇づくりを進めることができるのです。幼児の劇づくりにおいて、「象が死んだ」という救いようのない世界を提示して終わっていた『かわいそうなぞう』や『そして、トンキーもしんだ』とは大違いです。たとえ、戦争前の動物園と戦争後の平和な動物園と対比した形で、その二つの時代の間にサンドイッチのように「象の死」をはめ込んだとしても、幼い子どもたちの悲しい気持ちを払拭することはできないのではないかと思うのです。『ぞうれっしゃがやってきた』であれば、第6章で展開される『かわいそうなぞう』に対して行われた批判の一部、すなわち、「子どもたちを『悲しい』気持ちにさせ、さらにその感情を詰め込み、泣いて演技をする地点にまで、追いこんでしまうようなことがあっていいのか」といった批判を乗り越えることができると思うのです。ただし、第4章に示した新田保育園の『ぞうれっしゃがやってきた』は、『かわいそうなぞう』や『そして、トンキーもしんだ』にずいぶん引きずられた劇になっていると思います。「かわいそうな」場面があまりにも多いのです。しかし、戦争中も、象を生かす努力が貫かれているので、『かわいそうなぞう』や『そして、トンキーもしんだ』とは、まったく違ったものになっていると言うことができるのは、言うまでもありません。それに、善意の人たちばかりが出てきます。さらに、明るく、楽しくなる方向を追究するとすれば、もっともっと、戦後の明るい光の中で、子どもたちが躍動する姿を描く必要があると考えます。みんなで、象を貸してもらいに行こうと決めたこと、象列車に乗り込んで名古屋へ向かう姿、象を見た感動を時間をかけて展開してもよかったのではないか、と思うのです。

しかし、幼児期において、『ぞうれっしゃがやってきた』を劇にしていく場合、ただ一つ問題が残ります。物語が、少し複雑になっているのです。絵本通りに、「史実に忠実に」描くとすれば、この絵本では、「子ども会議」が、きわめて重要な役割を果たしています。また、代表が東山動物園と交渉する場面もあります。幼児にとって、なかでも、「子ども会議」の理解は、大変難しいのではないでしょうか。保育者の押しつけとならない形にするためには、絵本を読んだ子どもたちの理解や感情に寄り添って、子どもたちと共に劇を新しく創っていくという地点に立つことが求められていると思います。大胆な省略と強調が可能だし、必要なのです。そのような劇づくりができるならば、子どもたちにとって、楽しく、また希望に満ちた「ぞう」の劇になっていくのではないでしょうか。この点について、新田保育園の脚本では、幼児にわかるように話が展開されていきます。

小出隆司 作／箕田源二郎 絵『ぞうれっしゃがやってきた』岩崎書店、一九八三年

子どもたちの昭和史編集委員会編『写真集　子どもたちの昭和史』大月書店、一九八四年
小森厚監修　ＮＨＫ特集『そしてトンキーもしんだ――子が父からきくせんそうどう話』（さとう宗幸ほか出演、五〇分）、放送：一九八二年八月十三日
小森厚『もう一つの上野動物園史』丸善、一九九七年
斎藤憐　著／木佐森隆平　絵『象のいない動物園』偕成社、一九八二年
早乙女勝元　著／福田庄助　画『おかあちゃんごめんね』日本図書センター、二〇〇一年
清水則雄・小出隆司・森村記一郎『ぞうれっしゃよ走れ―みんなの胸から胸へ』労働旬報社、一九八九年
新川明　文／儀間比呂志　版画『りゅう子の白い旗』築地書館、一九八五年
たなべまもる　作／梶鮎太　絵『そして、トンキーもしんだ』国土社、一九八二年
対馬丸制作委員会・制作／映画センター沖縄県連絡会議・企画『対馬丸』（カラー・アニメーション映画）一九八二年
西本鶏介　文／高橋信也　絵『おむすびころりん』ポプラ社、一九九一年
長谷川潮　評論「ぞうもかわいそう」『季刊児童文学批評』創刊号、児童文学批評の会、一九八一年（長谷川潮『戦争児童文学は真実をつたえてきたか』梨の木舎、二〇〇〇年による）

第5章

新田保育園の劇づくり

1　新田保育園の劇づくりについて、思い出すままに綴る

おちあいみさお

　私が、一九五八年四月、保専を卒業して、新田保育園に帰ってきて以来、五十四年の年月が経過しました。生活発表会での劇づくりは、この年月と重なります。この新しい試みは、その当初から周囲の保育者たちと、時間をかけ、協力し合って、ともに創り上げてきたものでした。それはまた、保護者や地域の人々に支えられたからこそ、今日まで続けることができました。何よりも、子どもたちが毎年毎年、その折々の力を尽くして、一生懸命劇を演じてくれました。そして、卒園後も、とても楽しい思い出だと話してくれました。このような多くの人たちの支えがあったから、劇づくりを続けることができたのでした。新田の子どもたちと気持ちを共有する保育者や親や地域の人々に囲まれて、私はつくづく幸せであったと思うばかりです。

　ここでは、新田保育園での劇づくりについて、思い出すままに、その折々に気づいたことを綴ることにします。

（1）劇づくりと職員会のなかでの話し合い

月に一回の比較的長時間の職員会では、各クラスごとに、一人ひとりの子どもたちの姿が見えるような報告を、保育者のみんなが順番にしてきました。そして、子どもの実態を話し、それについて意見を交換し、知恵を出し合いました。小さいクラスから大きいクラスまで、今だと、ひよこぐみ、りすぐみ、こあらぐみ、うさぎぐみ、たいようぐみ、ちきゅうぐみ、うちゅうぐみの順になります。これに、障がい児のひまわり会が加わります。とくに気になる子については、園の保育者全員で、日々のようすを共有するようにしてきました。これは、保育において当たり前のもっとも基本的な営みであることはいうまでもありません。新田保育園の職員会の特徴は、これを一貫して続けてきたことに尽きます。

このような子どもの実態の共有は、障がい児との「統合保育」を四十年近く続けてきた経験から生み出されたものかもしれません。二〇一一年度も、九人のひまわり会の子どもたちがいましたが、障がいを持つ子どもたちの特徴によっては、ふいに他のクラスへ駆け込んでいったりすることも少なくありません。いずれにしても、みんなで支えなければ、長期にわたる「統合保育」を進めることはできませんでした。

劇づくりにおいても、この経験が生きています。劇づくりは、各クラスの担任たちによって進められますが、折々に職員会に報告され、保育者みんなの知恵が加わります。だから、生活発表会での各クラスの上演が、新田保育園の保育者全員のものとなり、感動も共有することになります。その前提に、職員会での率直な意見交換があるのです。率直な意見交換は、ときに誤解や行き違いを生み、しばらくの間、ギクシャクした園の雰囲気をかもし出したりもしますが、これを乗り越えた時、いっそうの気持ちの共有の地点へと導いてくれるのです。新田保育園の劇づくりを特徴づけるのは、その背後に、職員間の率直な意見交換があることだと思っています。

(2) 年齢・発達と劇づくり

〇、一歳児は舞台の上に立つだけでよいと考えています。田川浩三先生の指導によると、〇、一歳児たりとも、見てほしい気持ちはあるのです。正面で親と向き合うと緊張するので、斜めに並ぶのです。じゅうぶんに親たちに手を振ってみたり、幕を利用して「イナイ、イナイ、バアー」を、一、二回繰り返すといった感じがよく、日常のあそび、本読み、手あそびなどを楽しみます。月齢にもよりますが、名前を呼ばれて「ハーイ」の表情、声を出す子、手を挙げて応える子など、さまざまです。保育者が抱き上げて応える場合があって会場もなごみます。

一歳からということになると、月齢にもよりますが、かくれんぼしてかくれる子、おにになる子などの役割分担もできるようになります。保育士とともに、舞台の上で劇あそび、と押さえています。

二歳児も、保育士とともに、劇あそびを展開するのです。その内容は、①散歩コースの要所要所でおこった出来事をつないでみたり、②絵本の内容をたどってみたり、いろいろな工夫をします。

三歳児も、劇あそびと押さえています。しかし、この頃になると、保育士はナレーターなどとしては参加しますが、舞台には参加しないようになります。その内容は、①絵本の読み聞かせの内容を取り込む、②自分の意志を大切にしてなりたい役になる、③どう表現したらよいか考える、④同じくり返しのリズムを楽しむなどが多い、というふうに展開していきます。

四歳、五歳は、劇づくりと押さえています。次のようなことを考えて劇をつくっていきます。①何をしたいか、四月からの絵本の読み聞かせなどを振り返る。②どの場面を取り込むか。③そのために、何をつくるか。小道具や花など。④どの役に、自分はなりたいか。⑤どう表現して、仲間とつないでいくか。⑥そのために必要な日頃の保育がでてくる。全身運動、畑をたがやす、飼育などの思いやりなど。制作や絵画など。

こんなことから、「劇づくり」＝総合保育と思ってしまいます。総合芸術と言いたいところですが、まだ幼い子どもなので、総合保育と表現します。

保育の基本としては、次に挙げる集団づくりの基本（田代、1974）が根底にあると考えます。①討議づくり（話し合い）、②きまりづくり（ルール、約束事）、③めあてづくり（みんなでつくりたい、お母さんにみてもらいたいなど）、④役割づくり（自分は何の役になりたいか、どう表現していくのか、個と集団)。

新田保育園の劇づくりでは、以上にあげた基本は定着し引き継がれていると思っていますが、保育者の中に揺らぎがあったり、保育者相互の意思疎通を欠いて、園全体の呼吸が合わなかったりすることが、ときに起こり、波紋を広げたりするこの頃です。

(3) 劇の衣装について

新田の劇づくりは、その劇に合わせて、キラビヤカなものは避けています。「ぞう」でいえば、男性の作業服の古いのを集めて、子どものサイズに仕立て直したり、モンペも、昔風の布を選んで、子どものサイズに合わせたりしました。かつてのおばあさんたちは器用でしたので、綿を入れて、防空ズキンなどもぬってもらい、それを保存して、何年も使用しました。

現在のように豊かな時代ではありませんでしたが、工夫して、象なら、象色の服を、全身・上下に着て、象のお面で表現しました。お面も、子どもたちが描いたもので毎日やりましたが、発表会当日は、「あの子は上手……」などと比較する父母からの批評に気付いて、保育士が受け持った年もありました。

四歳以下のクラスも、ふだん通りの服装でするか、民話を題材にしたときなどは、カスリのデンチ(ポンチョ)を使用するぐらいでした。

自然の布に優るものはありません。黒沢明監督ほど時代考証とかに凝りませんが、近づこうとする気持ちも少しはあります。だから、各家庭で、いらない布を整理するような時、「捨てるものはおちあいが捨てるから、一度は見せて」と伝えて過ごしています。

(4) 続けること、そして、参加者からの批評に耳を傾けること

新田は、『かわいそうなぞう』『そして、トンキーもしんだ』『ぞうれっしゃがやってきた』を「ぞうシリーズ」と呼びながら、しつこく飽きもせず続けていました。しかし、まったく再考しなかったわけではありませんでした。地域で取り組んでいた「おやこ劇場」の東京の指導者にビデオを送り意見を求めたりもしました。その方は、「これだけ幼子が真剣に取り組んでいるのなら続けたらいいのではないか」という意見でした。もう一人、私が卒業した愛媛県立保育専門学校の恩師にも相談しました。その先生は、クリスチャンでしたが、宗教関係の幼稚園でも毎年生誕劇を続けるように、新田がテーマに掲げているのならいいのではないの、との意見でした。

劇づくりを繰り返し続ける中で、さまざまな方が来園されました。そして、いろいろな言葉を残していかれました。そのうちの二つを取り上げておきます。

古い園舎から新しい園舎へ引っ越してすぐ、こけら落としに生活発表会をした年（一九八五年）がありました。新しい園舎では、子ども広場に、舞台をつくりました。倉庫兼用の舞台袖もつくり、

バックのカーテンも二重にし、背景を工夫して変えられるようにしました。しかし、その年は、移転で、とても忙しく、準備に手が回らなかったので、私たちは、苦肉の策で、バックを新しくしつらえたカーテンの濃淡で表現し、残りのことはすべて「観る方々の想像力におまかせします」と解説したりしました。

その時の学習会（打ち上げ）で、当時愛媛大学におられた中村和夫先生は、ロシアの演劇のことなどを引き合いに出されて、わざわざ舞台の小道具なども大工さんの組み立て金具をそのまま使用したり、舞台を簡素化し、バックもなにもなくして、人間の演技だけで劇をし、観客の想像力をかきたてることもありうるのだよ、とおっしゃってくださいました。私たちはなるほどと思い、その意見も園の財産として取り込みました。

また、私たちは、ピアノの音によって、劇を進めることがよくあります。日頃の保育を、ピアノで組み立てるという気持ちのためか、たとえば、『三匹のやぎのガラガラドン』だと、ピアノの音「タタ・タンタン・タンタンタン」と小さい山羊登場といったぐあいです。子どもは頭に子山羊の面をかぶり、両手で角をつくり、足はドスン・ドスンと歩いて登場です。そして、トロルとのやり取り。「サッサと、とおれ！」と、橋を通る場面で曲が変わるというふうです。大きい山羊が橋を通る場面では、それを強調するために、拍子木を床に打ち付けて、「カタンコトン」と音で変化を表現していました。擬音も、小豆をザルの中で転がしたこともありましたが、それも時代の流れ、風の音、爆音、木々のすれ合う音、動物の声なども、私たちの身近になり、手に入れられるようにもなりました。それでもまだ、「あそこのあの音、ピアノよりも……」と工夫することもあります。ある年の田川浩三先生の評だと、「新田のは、五目ずしのようである。オペラ調あり、歌舞伎調あり、ゴチャゴチャ調だ。整理するといい」ということでした。みんなは大笑いしましたが、印象深い言葉でした。

（5）『かわいそうなぞう』の劇で：発達の節目、実体験、家族とともに

十二月の生活発表会は、子どもたちにとって、発達の節目となるようにしました。もちろん運動会もそうですが、新田保育園では、行事は、これを機に、子どもたちが発達していく絶好の場と押えていました。

『かわいそうなぞう』では、たとえば、①戦争中の空襲にあって逃げる場面、②飼育係がエサをやれなくてつらい場面、③さまざまな動物が次々と殺されていくようす、④象が飢えて死んでいく場面など、さまざまな場面や行動をどのように演じていくか、それぞれの年に担当した保育者は、子どもたちとともに工夫し、演技を深め、広がりを持つものにしていきました。それぞれの年のクラスの人数と、子どもたちの個性に合わせて展開していきました。そして、彼らの発達を見つめたのでした。

また、日常の保育の中で、実体験をして、身体で覚える努力もしました。おなかがすくというこ

とはどんなことか、その年によって違いますが、①お米一握りに水いっぱい（ほたるがゆ）、②麦粉を練って食べる（ハッタイ粉）、③イモのツルを炒めて食べるなど、生活の中で工夫しました。にわとり、うさぎなどの飼育活動もずっと続けていました。象の飼育係がクズの葉を刈りに行ったことができてきますが、新田保育園も田舎で、近くにクズが繁っていたので、私が毎朝クズの葉を取ってきたり、子どもたちといっしょにカマを持ってクズの葉を取りに行ったりしました。

そして、親たちも巻き込んで劇の練習をするようにもなりました。軍の命令で、動物が次々に鉄砲で撃たれて死んでいくようすについても、「オレならのけぞって倒れるぞ」とか、「舞台の端から体半分落として死んだマネするぞ」などと、自分たちの思いを子どもに伝えました。そうすると、子どももそれに応えて、舞台から落ちかけになって体を動かないようにするなど、保育園だけでなく、親たちとも共同して、劇が創られていくようになりました。相乗効果なのでしょうか、いっそう子どもたちは真剣に劇に取り組んでいくようになりました。

(6)『そして、トンキーもしんだ』の劇で：絵本に学び、発想を劇に展開する

この劇づくりでは、絵本をしっかり見ることから始めました。悲しい話なので、平和な時代と象がふるさとの南の国を夢見る場面に力点を置きました。

絵本の内容は次の通りです。戦争が始まっても、上野動物園は、いつもにぎやかでした。人気者

は、三頭の象でした。芸当の上手なワンリーと何百人の子どもの「つなひき」が始まり、象も子どもも大喜びの絵が、一ページを飾っています。ワンリーはシャムの国、今のタイの少年団が贈ってくれたメスの象。後の二頭は、りこうなメスのトンキーと、少しあばれんぼうのオスのジョンです。ジョンは、まだ子どもだった二十年前にインドから来た象でした。

一九四三（昭和一八）年八月、園長の福田さんが役所から都の命令を持って帰りました。「爆弾が落ちて猛獣があばれては大変なので処分するように」というものでした。福田さんは、当時応召中の古賀忠道園長に代わって留守を預かった代理園長でした。飼育係や大勢の人の意志を汲んで大奮闘して、手はずもととのい、仙台動物園にトンキーとワンリー、黒ヒョウまで送り出そうとした矢先、このことが、役所の人に見つかってしまい、「何のための命令か」ということになり、三頭の象を殺さざるをえなくなりました。そこには、飼育係の苦悶、人間性が描かれていました。また、象を擬人化して、象自身が、ふるさとの南の国を、なつかしいお母さんを思い出し、平和な時代であったなら、楽しく陽光を浴びて暮らしたであろう、と思い浮かべる場面も描かれていました。

新しい絵本で、場面づくりは、次のように変化しました。

①象が芸当をしたり、子どもと綱引きしたりして楽しむ場面
②戦争が激しくなって、食べ物がなくなり、子どもまでおなかのすくどうしようもない場面
③爆弾が落ちて逃げ惑う場面（史実にしたがって、取り止め）
④飼育係が、どうして殺そうか？　と苦悶する場面

⑤象自身が「ふるさとを夢みる」場面（新しくつくる場面）
⑥三頭の象が死んでいく場面
また、ラストには、作者があとがきに記していることばを、クラス全員（一人ひとりだったり、グループごとだったりでしたが）で発信することにしました。

子どもたちよ
　花の咲かない春って　あるだろうか
　蝉の鳴かない夏って　あるだろうか
子どもたちよ
　栗の熟（な）らない秋って　あるだろうか
　白鳥の来ない冬って　あるだろうか

新しくつくった「象がみる夢」の場面は、次のようにしました。象はかしこいので、自分の体を倒すと起き上がれないことを知っていました。これは、絵本の中にも記されていることでした。エサももらえず、注射も針が折れて効かず、飼育係が来るたびに、エサがほしくて、何回も何回も芸当をして見せました。ただ飼育係は涙を流すばかりでした。象も人間もどうにもならない状態の時、象は、舞台の片隅に身を横たえて夢を見るのです。横たえるところは表現できましたが、夢を見る場面への転換に、若い保育士は工夫を凝らしました。何回も上演しましたので、それぞれの年で違っています。

①ナレーターでつないだこともありました。
その間、黒子（子ども）が小さい布を幕にして横切る――それと同時に横たわった象が消える年もありました。隅で、象がそのまま寝ていた年もありました。舟に乗って、ふるさとへ帰るように工夫した年もありました。
②明るい夢の場面では、子象が母象に甘えるように表現したり、たくさんの動物が出て来るようにしたりして、平和な場面を演出しました。何かしら、この場面で、人間らしいホッとした気分を味わったようでした。戦争の理不尽さに対する平和の当たり前の喜びのようなものを感じとりました。

（7）『ぞうれっしゃがやってきた』の劇で：子ども会議となかよしの象

このお話は、すでに前の章で展開されています。一九四五（昭和二〇）年の東京大空襲、これを筆頭に、日本中が空襲を受け、無数の爆弾が降り注ぎました。その年の八月六日広島に、同九日長崎に原爆が落ち、八月十五日終戦でした。その戦火の中にあって、名古屋の東山動物園では、二頭の象が生きのびました。

その四年後、東京台東区の子ども会議の代表が、名古屋の東山動物園へ行って、象を一頭貸してほしい、連れて帰って、東京の子どもたちに象を見せてあげたい、と願い出たことが、お話の発端でした。

これは、戦後四年目の出来事でしたが、そのことを私たちが知り得たのは、一九九〇年頃でした。その頃、名古屋を中心に、「ぞうれっしゃよはしれ」の組曲が作られて、各地で演奏発表会が開催されていました。その演奏発表会と『ぞうれっしゃがやってきた』の絵本によって、私たちの知るところとなりました。

この劇づくりでは、新しい二つの場面を追加することになりました。

一つは、ある年から、「子ども会議」が取り入れられたことです。この場面を舞台でどのように表現するかを検討しました。子どもたちが、向き合って座ると後ろ姿になるので、見ている親たちにも、真摯な子どもの姿を見せたいと願って、イスを斜めに並べることにしました。上野動物園には、紙に描いた象が貼られていただけだった時代です。本物の象を見たいという子どもたちの願いがあふれる子ども会議にしました。私たちは、日頃、討議づくりをやっていましたので、これに合わせて、一人ひとり立ち上がって発言する表現を取り入れることにしました。

二つ目は、戦火を潜り抜けて生きのびた二頭の象が、どうしても離れられない場面です。なかよしということを表現することに力を入れました。子どもたちは、その心情を自分と重ねたように熱演し、見る者たちは、「先生、戦争は人間だけのものではないんだね、動物たちも大変だったんだね、子どもの劇で教えられたよ」と感想を話したものでした。

(8) あそびと劇づくりはちがう：あそびはあそび、劇は劇

一九八九年度五歳児が演じた『エルマーのぼうけん』の中で、あそびと劇のちがいについて、つい考え込んでしまいました。

新田が『かわいそうなぞう』の劇づくりに取り組みはじめ、「ぞうシリーズ」が十三年目を迎える年、五歳児の担任が『エルマーのぼうけん』をやりたいと言い出しました。

新田の位置する環境は、大自然に恵まれています。西に国領川が流れ、南には煙突山はじめ四国の山々が連なり、東に少し行くと種子川があり、そこが天然のプールのようで、その頃は、みんなが泳ぎに行くほどきれいな川でした。自然というのはありがたいもので岩や崖は、適当な高さになっており、個人の力や、年齢によって高さを選びながら飛び込みもできたため、園も夏の活動の場として利用していました。時にはスイカを持参し楽しい活動でした。そのような活動は日常当たり前のことでしたので、『エルマーのぼうけん』の世界に遊ぶには事欠かない条件もありました。その時は、職員会議に提案され意外とすんなり『エルマーのぼうけん』の劇に決まったように思われました。保問研全国集会の文学分科会で、他園からの実践報告の刺激も受けていたこともあったでしょうか。

大自然を駆け廻りハートをワクワクドキドキさせて、思い切り体を動かし切って野外から園に帰

り着いたら、「アーおもしろかったー」という顔つきと、あの狭い空間の舞台での顔とは、少しちがって見えました。そこには、あそびと劇づくりのギャップがありました。しかし、これにめげず、保育士たちは、あそびの面白さと楽しさを、劇づくりのなかで最大限生かそうと試みたのでした。新田は、発表会当日の二週間前、一週間前を利用して「合評会」を開き、子どもたちの意見や、全職員の意見を交流することを大切にしています。五歳児に対して四歳児から「〇〇ちゃんカッコよかった」とか「腰が曲がってほんとうのおばあさんみたいだった」などの言葉があったりします。保育士たちも、修正できる範囲の中で「あそこのところ~したら」との意見を言い合います。エルマーの時は、子どもにとって「ジャングル」のイメージが理解しにくいのでは、ということで、ちょうど草木染の古布があったのを裂いて天井から吊るしました。本来木々は、下から上へと伸びていくものですが、条件的には無理というものです。しかし子どもたちは、その木々をつもりとしてくぐり、かき分け、舞台一面がジャングルのような臨場感も出て、五歳児の『エルマーのぼうけん』は、盛り上がりを見せ、親たちの拍手に包まれました。

（9）最近の劇づくりのなかで思うこと

1　劇づくり『ともだちや』の中で：二〇〇七年度五歳児

『ともだちや』（内田他、1998）は、若い保育士に対して主任保育士が「こんな本があるよ」と推薦した絵本でした。日常の子どもの生活が描かれていて、なかよくってどんなこと？　ヤンチャってどんなこと？　どうすればいいのかが子どもにもわかりやすい内容でした。当時の五歳児クラスに二人の気になる男の子がいました。小さい時から、職員会などで、常に名が挙がって「どうしたものか」と話題になり、そのつどいろいろ考えてきてはいました。その二人は意気投合することも多く、一人はもう一人に心から寄り添っていました。その前の年は、『ぞうれっしゃがやってきた』でしたので、親たちの中には、「今年もぞうシリーズかな？」と期待していた方もおられたようでした。しかし、その年は、子どもの等身大の姿として絵本『ともだちや』の何冊かのシリーズの中から一つを選んで、脚本にして劇づくりに取り組みました。役決めで、その二人のヤンチャさんが、劇の中でも、ヤンチャで、友だちにいたずらして困らせる役になりました。みんなも困り果て、仲間に入れてもらえず楽しくない役でしたが、最後には、「もう困らせることはしないから」と、みんなも仲間に入れてメデタシ・メデタシでした。劇中でも二人は、野原の中でみんなから仲間はずれにされ、困り果てたようすの役でしたが、しょぼくれた表現は、表現なのか？　日常なのか？　観ていた私は胸が痛いことでした。親たちには、幕間の説明で、子どもたちの等身大の姿としての絵本から選んだことを伝えました。

かつて私は、地域の「おやこ劇場」活動に所属し、幼子と親とで会費を納め、二ヵ月に一回観劇会をしていました。当時、新田保育園の旧園舎で劇団の指導者たちと会員で合宿をしたことがあり、新田の職員たちが、その指導者に日頃のウサをぶつけたのでした。それはおおらかなもので私の目の前でも平気なことでした。その時、その指導者は、「立場を反対にして劇をするといい」と勧め、実際当時の主任保育士が園長に、園長が保育士になり寸劇を演出しました。それをちょっとしたからといってお互いの理解が深まったというわけでもありませんが、参加者たちの前で、アハハと笑い合って過ごしたという経験があったのです。そのことが、直ちに五歳児の世界に当てはめることができるのかとの疑問もありますが「立場を逆にしてみる」ということが、一つの手段でもあり、気持ちも楽になるのかな、との考えも持っていました。

大上段に構えて、「これが新田の方針です」との発言はないにしても、以前劇にした『かにむかし』（木下他、1976）にしても、嫌な猿役をヤンチャな子にやらせたいと保育士が思うことにも疑問を持ち続けていました。折々に職員にも話してきたつもりだったのですが、今回こうして記録に残そうとするにあたり、話し合ってみると、「私は新田の伝統だと考えていました。先輩保育士からそう伝えられてきました」などの応答があり、「えーっ」と思わされることでした。なんと思い込みの激しいこと。信じ込んで、疑ってもみないことに対する驚きを思い知ることになりました。

話し合っているようでも、伝わっていないもどかしさも感じとりました。これをチャンスに、一つひとつ深く話し合うことの重要さ痛感しています。

2　劇づくり『にじいろのさかな』の中で：二〇〇九年五歳児

シリーズものの絵本（フィスター、1995）の中から一冊を、劇として取り上げました。絵本のあらすじは、次の通りです。

深い海の中に一匹の黄金の鱗を持つ魚が住んでいました。他の魚たちは、その鱗がほしい、それを一枚身につけると幸せになる、と考えていました。そして、その一枚を「ください」「いやあげない」とのやり取りをするのです。物語展開の背景として、さまざまな冒険をしながら、お互いの協力が生まれ、協同が生まれ、一枚ずつ鱗を剥いで渡しながら、みんなが幸せになっていく、というものです。

劇をつくり出す過程で、職員同士が、次のような議論をしました。

大きく言えば、これは命の問題である。鱗を一枚剥ぎ取るってどういうこと？　まるで「お菓子をちょうだい」「ハイハイいいよ」みたいに軽く扱ってほしくないこと、が議論の焦点になりました。

五歳児の課題として、ただ美しいからほしいだけでいいのかしら？　けれども行動はどこに当たるの？　とよく話し合ったものでした。「そこまで深く考える必要があるのか？」「うん、あると思うよ」などの疑問も出されました。

そんな会話の中から、子どもたちにも保育士の思いが反映するというのか、黄金の魚が、「鱗」を剥ぎ取って相手に渡す様にも熱が入ってきました。衣装についている鱗を取るとき、貼っているマジックテープもビリビリと音もして、痛そうにも聞こえるから不思議です。「だいじょうぶ？」と覗き込む動作にも相手を思いやる気持ちが伝わってくるようにもなってきました。そうなると、日常生活の中でも、友だちが転んだりすると「だいじょうぶ？」といたわったり、障がいを持つ子に接するときも、やさしさがよりいっそう増してきているように思えます。日常生活の行動と、生活発表会での劇づくりに取り組んだことが、同化していくのだなと感じ取れたものです。

3　劇づくり『たつのこたろう』の中で：二〇一〇年度五歳児

『たつのこたろう』（松谷、2010）では、役決めについて考え込みました。加えて、保育士との会話がこれでいいのか、問いかける私の側にも問題があるなと思ったりする今日この頃です。

廊下ですれ違ったS君が何気なく声をかけてきました。「なーに？」と立ち止まると、「落合先生、ぼくのグループ全員たつのこ太郎だよ。ぼく一人天狗だよ」とのこと。私は一瞬ひるみました。と同時に「ふーん、そうなの」とだけ答えました。S君は、少し照れたように、きびすを返して立ち去りました。自問自答です。「この子は、私に何を言いたかったのかしら？」「自分も同じグループの子といっしょに太郎をやりたかったのか？」とか……。もし「どうしたいの？」と聞いてもどうすることもできないし、冷たくさりげなく聞いただけの自分は少し卑怯かなとの思いも、頭の中をよぎりました。いろいろ聞いて、「だけどね」と次へ心を切り替えてあげればよかったのかなとも思いました。そういえば、その子は劇の練習の時、かったるいというか、力が入ってないというか、そんな姿と結びつきました。何場面もある中、太郎役は、何人もいたのでした。

当日の私は、特等席です。○歳児から五歳児の全編を通して観劇できる幸せ者です。そのS君の天狗は大熱演でした。また相手方の太郎も熱演で、天狗を押し飛ばすのでした。天狗は、舞台の東壁に体当たりし、「ドーン」と音もたてました。保護者席からは悲鳴が起こるほどの迫力です。もう一度天狗は起き上がり太郎と取っ組み、やっつけられて、両方に拍手が起きました。私はそのS君の熱演に接して、廊下でのすれ違いの時の「ふーん、そうなの」の会話に満足を覚えたものです。彼は、自分の力で乗り越えたんだ、と感じることができました。そしてもう一点、その相手方の太郎の姿は、私からは後姿。見ていた保護者から「『さすが、新田の子じゃねー』太郎は、天狗を飛ばして壁に当たった時、小さい声で『だいじょうぶか』と言って、次『さあこい』と言ってたよ」と報告してくれました。その話は、後で母親にも伝えられたことでした。母親は、卒園生です。

次は、二人の天狗役をめぐるやりとりです。「オレ天狗する」「する……ええか?」と言っていたそうです。先の天狗役は初め、三人いました。保育士は、全体のバランス、セリフのバランス、その他を考慮して、三人のうち一人は村人に廻ってほしいと子どもたちに提案しました。でも保育士は立ち会わないで「三人で決めて」と言いました。自立を目指してのことでしょうか?「先生はよう決めないので、自分たちで決めて」と言ったそうです。このことは、劇も終わって、後日、担任と私の会話の中でわかったことです。「それで、結果はどうだった?」と聞くと、保育士が言うには、A君は「オレしたい。オレする、する」と跳び跳びして「おまえ、(村人で)ええか?」と、そしたら気の弱そうなBちゃんは「うん、ええよ」と、すんなり決まったようでした。

落合　「それで、あなたはどう受けたの?」

保育者「Bちゃんやさしいねー」

と言ったのです。ここで意地悪園長の本領を発揮して、

落合「あんた、卑怯ね。子どもに全責任押し付けて」

保育士「ほんでもー」

落合「もっと早く言ってくれれば、天狗は三人でも良かったのにね。新田は長い間劇をし続けているので、いろいろ財産があるのよ」

と、現主任保育士が、以前『かにむかし』をした時のことを伝えました。『かにむかし』の猿役は、意地悪なので子どもは初め嫌がります。「いやじゃー」と誰もなろうとしません。保育士が「じゃー猿なしでやろう」と言うと、子どもたちは「先生、おもしろないわ……やっぱり猿おらないかんわー」と順序をくぐって、二人の猿が生まれ、もう一人必要と保育士が考えて提案し、本人は「絶対いや」と言い張り、保育士が困った時、子ども二人が「オレらもするんじゃけん、おまえもいっしょにやろうよ」と誘って、三人でやり切ったのでした。「その中の一人は、現園児I子の父親だよ」と保育士に伝えたのはいうまでもありません。

天狗のことは、保育問題研究集会で発表した折、全国の仲間からも、三人でやればよかったのにとの意見もあったということでした。

この件については、もう一点「子どもの内面」についての問題があります。保育士が、「うんいいよ」と譲った子に対して「やさしいね」と言ったことに対し、「ほんとうにそうかしら?」と投

げ返しました。「オレする、オレするええ?」と言った子が「先生。決まったよ。オレ天狗。Bちゃんは村人するよ」と保育士に報告したと聞きました。Bちゃんは、黙ったままだったそうです。私は保育士に対して「それを、やさしいなんて、あなたの思いを押し付けないでよ」と言い、おまけに「あんたは、やっぱり卑怯よ」とまで言ってしまいました。「ひょっとしてBちゃんは、自分もやりたいけれど、A君の勢いに押されてよう言わんかったのではなどとは考えてみないの?」とも言いました。そして、「そりゃーどちらもわからないよね、その子が高校生くらいになって、もし何かの折に思い出すことがあれば、あの時は……と考えるのかも知れないね」と話は終わりました。Bちゃんは、練習時、村人に変わって少しの間、セリフも新しくなるし、戸惑いを見せました。ずいぶん経ってから、母親との会話があり、「先生、そんなことがあったのですか」「Bは、女手一人で育てているので、いざって時に気の弱さが出ることもあり、私も心配の一つです。でも役が変わって家でも一生懸命新しいセリフを覚えようと、努力する姿が見られていたのですよ」とのことでした。それを聞いて「お母さん、だいじょうぶよ。ひょっとして、悔しい思いがあったとしても、あれだけ村人役をやりきったのだから、また、成長して思春期には、イヤだ……オレもこうする……と、次の財産になっているよ」と伝えました。

このことは、天のみぞ知ることでしょうか?　五歳児の心の中は、はたして、やさしくなのか?ちょっと悔しいなのか?　私たちは、子どもの内面を探ると口にはしますが、これらは推測にすぎないことも多いのではないでしょうか。私たちは、子どもたちに、成長の宿題を一杯一杯託しているのかもしれないなと考えています。

2　新田保育園の劇づくりの特徴

渡辺弘純

新田保育園の劇づくりは、他の多くの保育園や幼稚園で展開されている一般的な幼児の劇あそびとは違う特徴がみられるように感じられます。ここでは、その中から五つの点を指摘しておくことにします。

（1）新田の劇づくりは、「まなび」である

幼児期は「あそび」の時代と特徴づけられます。あそびは、おもしろいことと楽しいことのあくなき追及に尽きます。鬼ごっこは、ほんとうにたくさんの種類がありますが、追いかけることと逃げることの繰り返しです。おもしろいから昨日と同じように鬼ごっこをする。コマをまわしてみたり、魚を捕ったりする。泳いだり、スケートをしたりする。毎日ジャングルジムにのぼる。このような活動を通して、子どもたちは、運動能力や技術を身につけたり、知的能力を発展させたり、あ

るいは人との交わり方を学んだりします。子どもたちが最大限の力を発揮するとき、あそびはおもしろくなり、楽しくなります。このために、あそびは、能力や資質獲得へと導くのですが、しかし、その手段ではありません。繰り返すならば、あそびの目的は、おもしろいことや楽しいことの追求であり、その目的ではなく、その活動の結果として、運動能力や知的能力や人間関係能力が身についてしまうのです。あそびが、発達の最近接領域を創りだすといわれるゆえんです。

多くの保育園や幼稚園では、劇においてもひたすらおもしろさや楽しさを追求します。年長児以外では、ほとんどがごっこであったり、劇あそびです（田川他、2004、2010）。新田保育園でも、劇についても、できるだけ楽しく愉快に、と考えられています。しかし、もっとも大事にしようとしているのは、子どもたちの自発性、受け身でなく、自分から進んでしようとする意欲です。だから、子どもの自発性や意欲があれば、苦しくてもがんばって物事を達成しようとする活動が組み込まれます。そこから、『かわいそうなぞう』だって、上演しようということになるのだと思います。「あそび」でなく、幼児期らしい「まなび」ということが念頭に置かれているように思います。舞台に上がって、お父さんやお母さんに見せようというのですから、新田保育園がいくら「劇あそび」だと言おうとも、○歳児でも一歳児でも二歳児でも三歳児でも、「劇づくり」だ、「まなび」だと思ってしまいます。

幼児期の劇が「あそび」か「まなび」かは、一つの論点になるように思います。新居浜の地は、ずっと銅山の街で、堅実に働く勤労市民の街でした。だから、その誠実さが、「今日よりも明日へ」

と、「前へ」と、「まなぶ」姿勢を打ち出しているのかもしれません。毎年園から年度末に出される『なかまたち』という小冊子には、卒園する子どものひらがなの文が特集されています。押しつけでなく、限りなく子どもの自発性を尊重しようという姿勢を大事にしながら、同時に「まなぶ」ということを大事にする園の姿勢が映し出されています。

（2）新田の劇づくりは、長期にわたる取り組みとして行われる

十二月になり生活発表会が近づくと、劇づくりは佳境に入っていきます。毎日毎日劇の練習が続きます。しかし、取ってつけたように、十二月になってから劇の練習というわけではありません。秋になり、運動会が終わると、劇へ向けて、園の活動の全体が集約されていくように感じます。いや、四月、新しい年度になって、年長児の担当となった保育者は、その年度の大きな山場として、生活発表会を頭に置きます。一人ひとりの子どもの発達的課題は何か、クラス集団としての課題は何かと自問し、保育者同士で意見交換し、職員会で、園全体の職員で共有し、また、同時に、いろいろな絵本の読み聞かせを続けていきながら劇の内容を考えていくのです。四月からの保育の総まとめとして、生活発表会が置かれています。年長児の場合には、新田保育園での日々の総まとめの位置にあると言ってもよいのでしょうか。最後は卒園式だと思いますから、そこでの到達を目標にして、最終コーナーを回るところなのではないかと思うのです。

新田保育園に入園した子どもたちは、○歳児であれば、入園の年から六年間生活発表会を体験することになります。この体験を蓄積して、年長の時期の生活発表会を迎えるわけです。したがって、○歳児から入園した子どもにとっては、六年間という長期的取り組みとして、卒園時の生活発表会の劇づくりが位置づけられるのです。フランスなど他の国で、長期的なスパンで表現活動に取り組む保育の営みを見たことがありますが、新田の劇づくりも、そのような雰囲気が漂っています。まったく別な形で展開されているようにも見える飼育活動やいもほりが、劇づくりの一環を担っている場合だってあるのです。

そのような長期的取り組みであるので、劇の内容が、押し付けでなく、時間をかけて、子どもの発達に合わせて取り込まれる、うまくいかない場合には、別の表現に組み替えられていくのではないか、と思うのです。このために、小学校六年生が上演して感動を呼ぶ演目でも、新田保育園では、新田保育園流に、幼児らしい形で演じることができるのではないでしょうか。

(3) 新田の劇づくりは、発達の集大成として位置づけられている

前段で述べたように「劇づくり」が、長期的取り組みであるということと重なるのですが、生活発表会は、一ヵ月一ヵ月の、一年一年の、あるいは三年間や六年間の発達の集大成であるということができます。

新田の保育者たちは、担当しているクラスの一人ひとりの子どもの発達の実際に目を向けています。子ども同士の関係において、保育者との関係において、あるいは親との関係において、何が今課題であるのか、あるいはまた、子ども自身の内なる課題は何なのか、一人ひとりについて明らかにしようとします。クラスの保育者間の話し合いで、職員会議で、それぞれの子どもの課題を明らかにします。それは、最近親から相談を受けた課題の場合もあれば、運動会から意識されてきたこの三ヵ月間の課題の場合もあれば、四月から続いているその年の課題の場合もあれば、三年前や六年前からの課題である場合もあります。そして、生活発表会の劇づくりを通じて、いろいろな場面において、ある場合には、役決めで、仲間との会話を通じて、ある場合には、演じることを通じて、その発達の節目だと思われる課題を乗り越えていく援助をしていくのです。

ですから、その子のその年の発達の、あるいは卒園児であれば新田保育園での日々の発達の集大成として位置づけられるのです。演劇は総合芸術といわれますが、幼児の劇には、その子どもの現在の発達状況の総体、すなわち、総合保育の到達点が現れてしまうのです。

（4）新田の劇づくりは、子どもたちと保育者や親や地域の人々との共同の事業である

劇づくりの当初は、保育者の読み聞かせから始まるにしても、保育者と子どもたちの会話の中で、劇のイメージがどんどんふくらんでいきます。劇の中に出てくるあそびをいっしょにしたり、

食べ物をいっしょに作って食べたりするなかで、劇の奥行きがずっと広く深くなっていきます。また、子どもたちと保育者の関係ばかりでなく、子どもたち同士の関係も、一歩進んでいくようにも感じます。劇づくりのなかで、子どもたちは、相互にセリフや演技を批評します。当初は、役決めで、どちらがその役にふさわしいか競争することからはじまるかもしれませんが、次には、それぞれの役をより豊かに演じることを通して、仲間とともに、より素晴らしい一つの劇をつくることへ向けて力を合わせるようにもなります。

劇づくりが長い道程であることから、劇の練習は、保育園の中に留まるものではありません。家に帰って、親の前で演じて、親からの助言や演技指導を受けてくることも少なくありません。親は毎年観客になるので、目が肥えるばかりでなく、その場面に応じた適切な援助をしてくれるのです。このような手助けは、親や家庭に留まるものでもありません。保育者や子どもたちが、地域のおじいさんやおばあさんから、貴重な昔話を聞いてきて、劇の中に生かすこともあります。衣装の布をもらいに行くこともあります。そんな場合には、地域の大人たちが、生活発表会に足を運んでくれます。

そんなこんなで、子どもたちの劇づくりは、子どもたちと保育者ばかりでなく、親や地域の人々も巻き込んでの共同の事業になるのです。

（5）新田の劇づくりは、保育園と家庭や地域の人々との間で、子どもの育ちゆく現在を共有する場である

新田保育園の生活発表会は、一大イベントです。各クラスの子どもたちは、それぞれの発達の様相をそのままに舞台において表現します。それを演じながら、子ども自身が、自分の発達の姿を再確認しているに違いありません。担当する保育者も、思った以上に発達の節目を乗り越えているとか、素晴らしいとか、もうちょっととか、子どものありのままの現在に惜しみない拍手をおくりながら、一人ひとりのこれからの方向に目を向けます。親も地域の人々も、みんながいる観客席で、それぞれの子どもの現在に目を注ぎ、素晴らしい点と今後の課題を相互に確認します。

このような過程があるので、親も自分の子どもばかりでなく、周りの子どものその後の変化に関心を持ち、援助し、積極的な変化の場合には、自分のことのように喜ぶのです。これは、障がい児保育を四十年近くも継続していることから生まれてくるのかもしれません。

内田麟太郎 作／降矢なな 絵『ともだちや』偕成社、一九九八年

木下順二 作／清水崑 絵『かにむかし』岩波書店、一九五九年

斉藤公子 編／斉藤博之 絵『黄金のかもしか』青木書店、一九八五年
たかはしひろゆき『チロヌップのきつね』金の星社、一九七二年
田川浩三・兵庫保育問題研究会編著『ごっこ・劇遊び・劇づくりの楽しさ』かもがわ出版、二〇〇四年
田川浩三・兵庫保育問題研究会編著『劇づくりで育つ子どもたち』かもがわ出版、二〇一〇年
田代高英『現代／幼児集団づくり入門』東方出版、一九七四年
マーカス・フィスター 作・絵／谷川俊太郎 訳『にじいろのさかな』講談社、一九九五年
松谷みよ子 文／朝倉摂 絵『たつのこたろう』講談社、二〇一〇年

第6章

「ぞう」の劇づくりと幼児期の平和教育

渡辺弘純

新田保育園の保育者たちが『かわいそうなぞう』の劇づくりに最初に取り組んだのは、一九七七（昭和五二）年のことでした。以来、『そして、トンキーもしんだ』と『ぞうれっしゃがやってきた』を入れると、二〇一一（平成二三）年までの三十四年間に二十七回「ぞう」の劇を生活発表会で上演しています（五頁表1）。また、後に述べる平和教育の観点からは、「ぞう」でなくても、昨年（二〇一一年）の『へえ六がんばる』などは、構造的平和教育の劇づくりであったということができます。

この「ぞう」の劇に対して、親たちから感動や称賛の声が寄せられる一方で、全国保育問題研究集会などでは、賛否両論が飛び交い、厳しい批判も行われてきたと聞いています。

ここでは、まず、

（1）今日の平和学の地点から、簡潔に、「暴力と平和」について整理し、そのうえで、

（2）『かわいそうなぞう』の劇づくりが幼児期の平和教育のどこに位置づけられるかを明らかにし、

（3）なぜ、幼児期の『かわいそうなぞう』の劇づくりに対して批判が行われるのか、その批判の内容はどのようなものであったかについて示すことにします。次いで、劇づくりの報告に対して鋭い批判がなされたにもかかわらず、

（4）生活発表会で劇を実際に見た親やその他の人々からの感想のほとんどが温かい感動を綴ったものであったことを報告します。そして最後に、

（5）今後、さらに検討しなければならない幼児期における劇づくりと平和教育をめぐる課題を提

示して、本稿を閉じることにします。

1　暴力と平和

今日、暴力は、次のように定義されるようになってきています。「ある人にたいして影響力が行使された結果、彼が現実に肉体的、精神的に実現しえたものが、彼のもつ潜在的実現可能性を下まわった場合、そこには暴力が存在する」といい、暴力とは、「可能性と現実とのあいだの、つまり実現可能であったものと現実に生じた結果とのあいだのギャップを生じさせた原因」なのです（ガルトゥング、1991）。もう少しわかりやすくいえば、暴力とは、ある人の肉体的なあるいは精神的なものの潜在的実現可能性を奪ったり、低くする何らかの影響力を行使することです。伊藤（2001）は、教育の分野でいえば、不当な影響力によって、発達可能性や自己実現の可能性がゆがめられたり、おさえられたりする場合、その影響力の行使を暴力という、と説明しています。

ガルトゥング（2003）によれば、この暴力の対極に位置するものが平和であり、暴力と平和は対置されます。平和とは、あらゆる種類の暴力の不在、または、低減です。そして、暴力には、直接的暴力、構造的暴力、及び文化的暴力があり、それぞれの暴力の不在または低減と対応する三つの平和、すなわち、直接的平和、構造的平和、及び文化的平和があります。また、直接的暴力の不在を消極的平和と呼び、間接的暴力あるいは構造的暴力の不在を積極的平和と呼ぶこともあります。

直接的暴力とは、目に見える暴力の表現であり、殴ったり蹴ったりすることを思い出していただければ理解できます。その加害者と被害者も明確です。いうまでもなく、物理的な暴力ばかりでなく、仲間はずれ、いじめなどの心理的な暴力も含まれます。そして、戦争とは、この直接的暴力の最も極端な、制度化された表現なのです。さらに、高垣（2006）にいわせると、「無理やり力ずくで子どもを変えようとする」こと、「子どもを『利益誘導』や『脅し』『アメとムチ』『金と暴力』で繰って、自分にとって都合のよいように変えようとする操作的な接し方が幅を利かすようになる」ことも、直接的暴力に含まれるのです。しかし、一般には、競争社会のなかで、その文化に支配され、親の世間体や利益（高垣のいう「自己愛」）のために、この社会のなかで、子どもを勝ち組に入れようとして、親の影響力を子どもに行使しているのであれば、それらを構造的暴力ということもできます。

構造的暴力とは、見えない暴力です。環境汚染や公害が、子どもの発達や周囲に住む人の健康に悪影響を与えるとすれば、構造的暴力だということができます。『子どもの貧困』（阿部、2008）が、学力格差や健康や虐待などに影響を与えている状況は、構造的暴力が行使されている事態であるといえます。二〇一一年三月十一日の原子力発電所の壊滅的な事故は、政治や社会的な仕組みが人々に深刻な打撃を与えたと解すれば、構造的暴力の一例であるということができます。構造的暴力を理解し、一つのイメージを描いてもらうために、次の文を示すことにします。ガルトゥング（1991）が、「構造的暴力が存在する状態を社会的不正義と呼ぶことにする」と述べるように、構造的暴力のない平和な社会とは、平等で公正な社会だということができます。ガルトゥング（2003）は、また、構造的暴力に対置される積極的平和を一つの単語で表現するならば、それは「公平」（equality）であり、もし、二つの単語が許されるならば、関係性において同等の利益をうることを意味する「衡平」（equity）を付け加えよう、と述べています。

そして、最後に、文化的暴力とは、直接的暴力や構造的な暴力の背後にあって、これらの不当な影響力を支える「ものの見方と考え方」であり、その枠組みなのです。人種差別、性による差別、あるいは貧困による差別を当然とする価値観などを思い浮かべればよくわかります。「文化的暴力は、直接的・構造的暴力を正当化または合法化しようとするもの」（ガルトゥング、2003）なのです。これに対して、文化的平和とは、直接的平和あるいは消極的平和、及び構造的平和あるいは積極的平和の背後にあって、これらの進展を支える価値観であり、「ものの見方と考え方」の枠組みなのです。

今日、暴力のない平和な世界へ向けて、三つの転換、すなわち、直接的暴力から直接的平和（消極的平和）へ、構造的暴力から構造的平和（積極的平和）へ、文化的暴力（暴力の文化）から文化的平和（平和の文化）への転換、が切実に求められています。

2　『かわいそうなぞう』の劇づくりの平和教育における位置

『かわいそうなぞう』は、平和な日常が一変し、象のいのちを奪おうとする命令が下される場面から始まります。これに対して、象のいのちを守ろうとする飼育係の気持ちが表明されます。命令と自分の気持ちとの間で葛藤する飼育係の苦悩のなかで、現実には、次々と死んでいく動物たちの姿が描かれていきます。その後、やがて戦争は終わり、平和な現在の動物園がよみがえります。物語の背後の枠組みには、平和な時代の動物園と戦争の時代の動物園の日常が対比され、そのなかで、象のいのちをめぐるドラマが展開されていくのです。ここでは、二つの暴力が重ねて描かれています。象を死へ向かわせる直接的暴力と、その背後にあって空襲をもたらす戦争という究極の直接的暴力です。そして、これらの二重の直接的暴力に抗する気持ちの表明があります。この意味で、『かわいそうなぞう』の劇づくりは、直接的平和教育であり、消極的平和教育であるといえます。消極的平和教育とは、直接的暴力を無くそうとするだけで、積極的平和を創りださない、二次的な、あまり重要でない平和教育だといえるでしょうか。

たとえば、生徒指導について、文部省の『生徒指導の手引』(1988)は、「生徒指導の意義は、このような青少年非行等の対策といった言わば消極面にだけあるのではなく、積極的にすべての生徒のそれぞれの人格のより良き発達を目指すとともに……」と展開しています。ここで消極的生徒指導を指しているのは、非行や不登校やいじめに対する取り組みです。問題が起きた折の子どもとの対話を含む臨床的関わりは、すべて消極的生徒指導なのです。問題への対処ではなく、日常的に子どもたちとの意欲的な学校生活を創りだす営みが積極的な生徒指導なのです。いうまでもなく、ここでいう消極的生徒指導は、きわめて重要な使命を帯びており、大きな役割を担っているということができます。その一方で、たとえば、不登校の子どもに対して、カウンセラーが、クライエントを治すのではなく、彼を問題解決の主人公として遇して、彼自身の力を発揮することを通じて、人格成熟が促され、その結果として、直面する困難を乗り越えていったとすれば、いつの間にか、消極的生徒指導が積極的生徒指導へ転化していた、ということができます（高垣、1991）。本来の消極的生徒指導は、積極的生徒指導への転換を準備し、その基盤を育てるのです。

高垣（2006）はまた、次のようにも述べています。「教育や保育、子育てのなかで子どもを脅しで支配しない、動かさない。それがその仕事のなかに平和を貫くことである」と。そして、「構造的暴力」としての「規制緩和」や「競争原理」の支配に対抗していくことは一方で必要だが、「他方で、教育、保育や子育てに関わる専門職は、親と協力共同しながら、脅しによって子どもを支配するような『直接的暴力』とその背後にある『文化的暴力』を克服してゆく援助をもしなければならない」と続けるのです。ここでも、直接的暴力を無くする努力に対して重要な意義を与えていると読み取ることができます。

『かわいそうなぞう』の劇づくりは、二つの直接的暴力、すなわち、ぞうの死と戦争に反対する活動です。そして、現に行われている暴力や戦争に反対する活動ではなく、過去の暴力や戦争を語り継ぐ活動なのです。

戦争体験者とその語り部の高齢化が進み、その伝承の困難さは、「戦争体験者にとって『戦後六十年』はあっても『戦後七十年はもはやない』という表現」で指摘されたりします（下嶋、2005／杉田、2006）。そんななかにあって、大人たちが、戦争や原爆や空襲を語り継ぎ、直接まわりの人々に伝えたり、冊子にして後世に残す活動は貴重です。杉田（2006）は、沖縄・平和ガイドを取り上げ、その意義について考察しています。そこには、「平和学習のために沖縄を訪れる人たちや県内の小中高生たちと、戦跡や米軍基地を歩き、戦争の実相や沖縄が抱えている問題を伝え平和についていっしょに考え」る人、「戦争の被害者にも加害者にもならないと決意した戦後日本で、平和の創造に努力し、行動していく人々はすべて平和ガイドです」という沖縄平和ネットワーク（2005）の説明も引用されています。かつて、小学生や中学生においても、父母や祖父母から戦争体験を聞き取り、それを学校で発表して、お互いに共有する活動が、全国各地で行われてきました。しかし、今日では、一面では大変幸運なことではありますが、子どもたちの父母ばかりでなく、祖父母でさえも戦争を体験していない世代になってきています。

このような時間の経過のなかで、『かわいそうなぞう』の劇づくりは、もう現在では戦争を体験していない保育者と子どもたちの二つの世代が、ともに戦争を語り継いでいこうとする活動になっているのです。

しかも、ただたんに、まわりの人から話を聞くだけではなくて、聞いた内容を、自己の地点で受け止めて、追体験し、実感するとともに、再構成し、創造的に、新しく表現していく活動なのです。

そのうえ、劇づくりは、個別的な一人ひとりの孤独な作業ではありません。セリフの言葉は、他者（仲間）を想定し、他者からの応答について思い描いたうえで発せられます。子どもたち同士の交流がその前提にあるのです。保育者たちは、劇をつくっていく過程で、「『ちょうちょ』のように見えるかな」などと子どもたちの表現をまわりの子どもたちに返して共有しようとします。幼児にあっては、劇は保育者と子どもたちとの共同の産物となるのです。子どもたちは、家で練習することを通して、家族をも巻き込んでいきます。ついには、昔の話を聞くために、地域のお年寄りのところまで出かけて行きます。劇づくりは、子どもたち同士、保育者たちと子どもたち、さらには、家庭や地域の大人たちと子どもたちの共同作業として展開していくのです。

劇づくりの持っている内容は、これに留まりません。セリフの応答における他者への想像力についてはすでに述べましたが、かつての時代の動物園の飼育係の心情へと向かう他者への想像力が働かなければ劇は成り立たないのです。

これまで、長い間、小学生、中学生、高校生、大学生、そして大人たちの戦争を語り継ぐ活動は、多くの人々に歓迎され共感を持って迎えられてきたにもかかわらず、このように豊かな内容に溢れている『かわいそうなぞう』の劇づくりが、なぜ、手放しで歓迎される状況にないのでしょうか。ただ一つの理由しか考えられません。それは、劇をつくっているのが、幼児期の子どもたちだということです。

3 『かわいそうなぞう』の劇に対する批判

中島（2006）は、自身が運営委員の一人として関わった、一九八三年の全国保育問題研究集会文学分科会での新田保育園からの実践報告（小笠原、1983／新田保育所、1983）に対する討論（田川、1983）について紹介しています。この新田保育園からの実践報告とは、すでに、第3章において、取り上げられている劇づくりの実践です（新田保育所、1983）。まず、その分科会での批判から取り上げることにします。

（1）『かわいそうなぞう』は、幼児期の子どもには難しいのではないか

中島は、種田庸宥氏の批判を、「認識のレベルのまだ低い幼児に、戦争の本質を伝えることは困

難であり、『かわいそうなぞう』はこの時期の平和教育の教材としてはふさわしくないというもの」と紹介しています。そして、「戦争の本質を伝えるのは、小学校中学年以上まで待っても遅くはない」という種田氏の主張を次に取り上げるのです。

「戦争の本質」の把握ということになると、きっと小学生でも中学生でも容易ではないと考えられます。戦争体験の語り部から話を聞く高校生においても、その当初は「手探り」状態で、断片的事実を理解するのに精一杯で、本質にまで到達するのは至難の業であるに違いありません。それは、父母や保育者であっても例外ではないのです。

幼児期の子どもたちは、「象が死ぬのはいやだ」とか「象がおなかをすかせるのはかわいそうだ」と受け止めることでしょう。「空襲で、爆弾が落とされるなかを、必死で逃げる体験はしたくない」とも思うでしょう。象の死や戦争について、それぞれの子どもたちなりの地点でとらえるに違いありません。そのような断片的なとらえ方でいいと考えることはできないでしょうか。同じ幼児期でも、子どもによってもとらえ方が異なるのかもしれません。それでもいい、それぞれが自分の地点で受け止めたことを相互に伝え合うことができれば十分だとは考えられないでしょうか。「象を殺すのはいやだ」「戦争はいやだ」と思ってほしいとは思います。しかし、すべての子どもたちが、それ以上の到達点にまでたどり着かなければならないという強迫観念にとらわれる必要はないと思うのです。それでは不十分かもしれませんが、そこから始まるのではないでしょうか。

ただし、新田保育園の劇づくりにおいては、相当難しいことまで求めていることも確かです。

『かわいそうなぞう』ばかりでなく、小学校の教科書に収録されている『スイミー』や『大きなかぶ』や『かにむかし』などを幼児に演じさせていますし、しかも、それを、年長組でなく、年中組に演じさせることも少なくないのです。最近の『龍の子太郎』でも大変難しいと思います。これについては、第5章でも取り上げていますが、新田保育園のこのような特徴については、また別の議論が成り立つところです。

(2) 幼児期には、消極的平和教育ではなく、積極的平和教育をこそ実践すべきではないか

種田氏の批判を紹介する中島は、『かわいそうなぞう』の劇づくりは、直接的暴力を無くそうとする消極的平和教育に留まっており、暴力を無くするだけで、新しいものを産み出さない、むしろ重視すべきは積極的平和教育であり、伝え合い保育（乾、1981、1983）の集団づくりにみられるような、人と人の関係を豊かに築きあげることこそが重要であると主張しているように見えます。少なくとも幼児期にあっては、積極的平和教育、すなわち構造的平和教育のほうが大切だと述べているようにも思われるのです。

保育において、積極的平和教育（構造的平和教育）が重要であることは、論を待たないと思います。中島も理解しているように、保育全体が積極的平和教育（構造的平和教育）そのものなのです。

全国保育問題研究集会において、翌年から平和分科会が設置される契機となった第二十六回全国

保育問題研究集会（一九八七年別府集会）での『子どもたちに平和なあしたを』と題する当時の日本保育学会会長荘司雅子氏の記念講演（荘司、2001）では、「平和教育をどのように進めていくのか（中略）、まず乳児から始めなければなりません。そして最初はまず乳児に『安定感を与える』ことから始めるべきです。乳児からイライラさせてはだめです。それが第一歩です」と述べられています。

『安定感』あるいは『安心感』は、乳児ばかりでなく幼児や学童、さらには大人においても決定的な意味を持っているのではないか、と私は考えています。したがって、最初の一歩であると同時に、最終的な一歩なのではないかと思うのです。「うまくいかなくても、うまくいかなくても、うまくいかなくても、きっといいことがあると感じる明日への暖かさや光」、すなわち、まわりの自然や人々に抱かれているという他者と自分自身とのつながりの感覚のなかで産まれる未来への信頼が、教育と同様な意味を担う平和教育の究極の目的なのかもしれないと考えるのです（渡辺、2010）。

同じ講演で、荘司氏は、子ども同士が協同する機会を与えること、討論して問題解決をはかるようにすること、そして、解決できないときには先生が助言を与えることの重要性を指摘しています。ついで、その一例として、劇あそびを取り上げるのです。「劇あそびなど、とてもよい機会だと思います。劇あそびは、それぞれに役割が違います。そして、どの役もその役を充分はたすことができなければ、その劇というのは劇にならないのです。つまり相手の立場を尊重しながら、自分の役割を練るということです。もし相手が失敗した場合、自分たちもうまくいかなくなる。そこで相手を責めるのではなく、どうすればうまくいくのかということを考える。思いやりの心を育てていかないと、その劇あそびはうまくいかないことになるのです」と、話を続けています。これも積極的平和教育なのです。

中島も指摘するように、すべての保育は構造的暴力に抗するという意味において平和教育なのです。彼は、二〇〇五年の全国保育問題研究集会の分科会案内では「平和の心を育てるために各年齢で特に大事にしたいポイント」が、次のように整理されている、と紹介しています（中島、2006）。

○歳：安心感を土台にして生活リズムをつくっていく。
一歳：意欲を大切にし、友だちとの共感関係を育てる。
二歳：自己主張、自我の育ちを支え、身辺自立の力を育てる。
三歳：自分の心を伝える言葉をていねいに育て、友だちとの衝突を通して相手の気持ちを思いやる心を育てる。
四歳：話し合いで互いに理解し合い、協力し合う力を育てる。
五歳：「なぜ？」「どうして？」を大切にし、自分で考える力を育てる。自分の意見をしっかり伝え、相手の意見をしっかり聞き、自主的に問題を解決する力を育てる。

その一方で、彼は、「平和教育分科会固有のテーマは何なのかとの疑問が生じる」として、問題を提起しています。

当然、構造的平和教育（積極的平和教育）は、保育そのものであると考えられるので、異なる内容を取り上げるというより、同じ内容でも、平和教育の視点から、当該の保育実践を見ていくということが、平和教育の平和教育たる所以であるということができるのではないでしょうか。中島のいう通り、これはじゅうぶん明確な説明であるとはいえません。

他方、直接的暴力を無くそうとする直接的平和教育（消極的平和教育）は、新しいものを何も産み出さないといえるでしょうか。

たとえば、松原（1976）の『かわいそうなぞう』の実践報告は、単純に「象の死はいやだ」「戦争反対」などと繰り返しているわけではありません。絵本の読み聞かせの後で行われた、保育者と子どもたちのとの応答がていねいに綴られています。そして、子どもたちの話し合いが、しだいに深まっていることを伝えているのです。また、参観日にお母さんたちといっしょに話し合いを継続したりしてもいます。そのうえで、劇づくりに入り、保育者と子どもたち、子どもたち同士が、話し合いながら劇を完成させていくのです。この劇づくりの過程があったから、映像を見た保育者たちを感動させたのだと思われます。松原は、戦争体験の語り継ぎという消極的平和教育（直接的平和教育）を行いながら、同時に、人と人の絆をつくっていく積極的平和教育（構造的平和教育）を行っているのです。

新田保育園の『かわいそうなぞう』の劇づくりも、消極的平和教育と同時に、積極的平和教育（構造的平和教育）を行っているともいえるのです。保育者たちの前で、映像記録を通じて発表したことが、子どもたちの言葉と彼らなりの所作で『かわいそうなぞう』を演じていること、すなわち、上から下への受け売りでないことを伝えたに違いありません。また、子どもたち同士、子どもたちと保育者や親、そして地域の人たちとの絆の中で、劇が創りあげられていきました。これは、積極的平和教育そのものなのです。

（3）感情体験について問題があるのではないか

具体的には、①悲しいことを体験させることはよいことか。できるだけ、悲しみから遠ざかることがよいのではないか、②感情の「つめこみ教育」ではないのか、という批判です。

わが家の息子が、絵本を読んでいて、私と偶然目が合った折り、「〇〇くん（自分の名前）、この本を読むといつも涙が出てくるんよ」と、私に語りかけるでもなく、つぶやくように声を発しました。わが家には、たくさんの絵本がありました。私が読むことをすすめたわけではなく、たまたま『かわいそうなぞう』の絵本を手に取った折りの反応でした。そして、さりげなく次の場面へと転換していったのです。こんな対応でいいのではないか。取り立てて、かわいそうな場面に直面させなくてもいいのではないか、という意見も少なくないと考えられます。

新田保育園における『かわいそうなぞう』の劇の発表会でも、ある年の臨場感あふれる光と音による空襲場面で、それを見ていた幼児が大声をあげて泣き出したことがありました。兵庫の駒居美紀（2001）は、「五歳児の男の子が『ぼく、せんそうのはなしイヤ』というと、『こわいもんな』と四歳児の男の子も言い出しました」「せんそうのお話はイヤや、怖い、という気持ちは、子どもたちの正直な気持ちなのでしょう」と記しています。また、北海道の元木良子（2001）も、年中クラスで『かわいそうなぞう』を読み進めるとだんだん静かになり、感想を聞くと、「いつものほんはおもしろいけど、きょうのはかなしかった」などの声が聞かれた、と報告しています。そして、鹿児島の新地素子（2001）は、「直接的平和教育の中で、戦争の話など、悲しく辛いことを知らせた後は、必ず子どもたちといっしょに楽しい活動をすることにしています。知覧（特攻基地跡―著者注）の見学の後はおいしいうどんを食べたり、みんなで温泉に入ったりします」と書き、さらに「子どもたちに楽しい日常生活を保障しながら、直接的平和教育を今後も進めていけたらと思います」と重ねています。

一般には、自然や社会の人々との関わりの中で、喜怒哀楽の感情を豊かに味わいつつ成長し、発達していくことが、自己形成にとって不可欠であると考えられます。もちろん、喜びや楽しさを味わうという大きな枠組みの中で、悲しみや怒りの感情をも味わうといった意味においてです。「苦労の免疫理論」を提唱したネッセは、社会に出る前に、小さな苦労に出会い、その苦労が報われるという経験をしておくと、社会に出てからも大きな苦労に対し、希望を持って対処することができる心性が育まれると展開しました（山田、2004）が、これと同様に、悲しみに出会っても、また顔を上げて前を向くことができるためには、悲しみの体験を乗り越え、楽しく愉快な体験を重ねること、これを通じて安心感という背景を形成しておく必要があると考えられます。

このような立場を取るのではなく、乳幼児期には、悲しいことを体験しないようにする必要があるでしょうか。そして、悲しい体験から距離を置くように最大限の努力をする必要があるでしょうか。世界に目を向けると、地球上のどこかの地域で、戦争や地域紛争に巻き込まれて、苦難の中を生きる親子がいます。その渦中にある場合には、戦争や地域紛争の中でも「明るく」生き抜く方途を見つけ出す必要があるのはいうまでもありません。しかし、直接「悲しみ」に触れない場所で生きる乳幼児に、そこへ目を向けさせるのか、それとも、「悲しみ」に目を向けないように配慮すべきか、意見が分かれるところです。あるいは、目を向ける「やり方」に相違があるかもしれません。これについては、戦争体験ばかりでなく、大地震や大津波や原発事故についても同様です。

ここでは、戦争や震災など大きなことばかりを挙げましたが、家庭や園での日常の些細な行き違いなどを含めるなら、幼い子どもたちが「悲しみ」とはまったく無縁の無菌状態で純粋培養されることなど、現実には不可能であることを認識しておく必要があるのではないかと思います。むしろ、日々の暮らしの中で、当然のごとく「悲しみ」に出会っているとすれば、それを「喜び」や「楽しみ」によって包み込み、安心感の懐のなかで、「悲しみ」を体験するように配慮することこそが求められているのではないでしょうか。この点でも、検討すべき問題が残されています。

『かわいそうなぞう』の劇づくりは、戦争体験を語り継ぐ活動ですから、目の前に無い「悲しい」事柄を、あえて体験させようとするものと位置づけることができるのです。「悲しい」ことであっても、時間が経過しているからだいじょうぶであるといえるのか、当然疑問も生まれます。もし、あえて語り継ぐ活動をする必要がないとしたら、どんな発達段階に到達すれば語り継いでよいのか、という疑問も生まれます。それは、世界各地で起きている悲惨な出来事を幼児に伝えるべきか否かという問題とも関連しています。もし、純粋培養でなく、子どもを育てるためには伝える必要があるとした場合には、どのように伝えるべきかが問題になります。これまでの論述からは、平和の素晴らしさとの対比において、安心感という土台の上に立って語り継ぐ必要があるといえます。自分も新田保育園に通い、その子どもも新田保育園に通っている母親に、「『ぞう』の劇を自分の子どもにも演じてもらいたいか」と質問したところ、「やらせたい」との答えが返ってきました。ついで「なぜ」と聞くと、「私は、平和な動物園だった頃のサーカスのお姉さん役だったから、とても楽しかった」という声が返ってきました。

乳幼児期における感情体験について、もう一つの検討すべき問題があります。新田保育園で素晴らしい劇づくりの実践をしていると聞いて、かつて私のところのゼミに参加していた一人の学生が、ある年の生活発表会へ出かけたことがありました。その学生は、劇づくりの過程についてはまったく観察していませんでした。発表会が最初の新田保育園と子どもたちとの出会いでした。彼女は、生活発表会に接して、強い衝撃を受けたようでした。帰ってきて、私の研究室へ入るや否や、「感情の詰め込み教育だ」と断定しました。算数などの教科にみられる知的教育の詰め込みと同じように、新田保育園では、「感情」を詰め込んでいる、これでいいのか、と展開したのでした。私は、ていねいに新田保育園の劇づくりの過程について説明を加えましたが、彼女は納得しようとはしませんでした。二十年程前の記憶が、今でも残っています。

(4) その他の批判

1 幼児期には、「あそび」を中心とした保育を展開すべきであるという保育や幼児教育についての考え方からの批判

「あそび」は、おもしろいことや楽しいことの追求自体が目的です。たとえ、さまざまな能力や心性が形成されたとしても、その形成は目的ではなく結果です。すなわち、おもしろさや楽しさを追求した結果として、多様な能力や「まなび」の基盤、あるいは人間的交わりの基盤が育てられたり、安心感が産み出されるのです(渡辺、2000、2001)。これが乳幼児期の保育であるとする立場です。これに対して、劇づくりは、幼児期における課業、すなわち「まなび(学習)」を必然的に内包しています。幼児期の劇づくりは、「あそび」の守備範囲を超えています。すなわち、幼児期においては楽しい体験こそが大切であるにもかかわらず、新田保育園の劇づくりは、楽しい体験を超えるものを求めているのではないか、との批判も当然あるに違いありません。

2　子どもたちの主体性が尊重されていないのではないかとの批判

望月彰（田川他、2010）は、子どもの主体性を尊重した「ごっこあそび」や「劇あそび」は、多くの保育園や幼稚園で取り組まれているが、それらを「劇づくり」にまで発展させる取り組みは少ないと思われると言います。そして、その理由として、子どもたちの興味・関心にもとづく「ごっこあそび」や「劇あそび」の段階であれば、子どもたちの主体性と保育者の関与との間にそれほどの矛盾は生じないが、「劇づくり」ということになると、そこには保育者の高度な指導性が必要になり、一歩間違えば、「やらせ保育」になってしまう、と述べています。また、長年、乳幼児期における劇あそびや劇づくりについて探究している田川（田川他、2010）は、次のように展開しています。少し長いのですが、そのまま引用しておくことにします。

劇あそびから劇づくりに変わっていくことが、じつは難しいことだということです。いままで自由に伸び伸びと遊んでいた場面で、劇にしようとした途端に、子どもが固まってしまうとか、言葉が出なくなると言っておられます。それを乗り越えていくのは、子どもたちがほんとうに活動の主人公になったときです。

主人公とは、自分の自発的な考えで行動することです。園児の場合も、教えられた通り、機械的に反復するのではなく、内発的な動機によって演じるのです。やらされることと、やることの違いを幼児は体験しながら、「あっそうか」とひらめきで感覚的にとらえるのです。ひらめきでわかった子は、ほかの場面でも自分の力で応答します。やらせの保育を見ていたら、このひらめきがないまま、あそび心に点火しないまま、引きずっていこうとするところに無理があったのだと思います。

新田の劇づくりにおいて、保育者の指導と関わりつつ、たんに受け身に言われたとおりに行動するのではなく、興味や関心を土台にした幼児の主体性と自発性が発揮されているか否かが問われているのです。

3 その他

保育者たちは、子どもたちと同様、主体的に劇づくりを行っていると思われますが、別のテーマや劇と比較検討しつつ、迷い、揺らぎつつ、毎年の劇を自らの意志で選択しているかどうか。保育園や幼稚園の方針のもとで、選択の余地がないということはないのか。あるいは、また、劇の発表会は、はたして、子どもたちの発達の姿を、子どもたち自身と保育者たちと親たちが共有する場になっているのか、そうではなくて、子どもを通して、劇が手段となって、親へ戦争のことを伝える場と化しているのではないか、そのために、幼児を利用しているのではないかなど、多様な批判が存在します。

4 『かわいそうなぞう』の劇に対する親からの感想

全国集会などでの保育実践の報告に対しては、以上述べたように多くの批判や疑問が寄せられた『かわいそうなぞう』でしたが、当初から今日に至るまで、実際に劇を見た親や参加者からの感想は、一貫して、そのほとんどすべてが、手放しで子どもたちの姿と園での保育を称賛するものでした。とても温かく、好意的でもありました。実際に「ぞう」の劇を演じた子どもたちからも積極的な評価が返ってきました。

その中から、初期の一九七八（昭和五十三）年度、第二回目の『かわいそうなぞう』の感想からいくつか抜き書きしておくことにします（新田保育所、1979）。

①〝かわいそうなぞう〟二年間続けて見させていただきました。昨年も保育園の子どもが、あんなに内容まで理解して上手にできるものだろうかと感心しました。そして、今年は、わが子が……そして、保育園で見かける知っている子ばかり。わんぱくなあの子も、おとなしいあの子も、真剣な顔をして、思わず笑ってしまったり、涙を出したりして見ました。かんな（子どもの名前）も上

手にできたね。ほんとうに怒ったんかと思ったとは、ばあちゃんの評。最後に先生の感激の涙に、私も、もらい泣きしました。（YT）

②本当に感動しました。五、六歳の幼児に、これだけの表現力があるなんて、今更見直す次第です。一人ひとりの力が結集すると、こんなにすばらしいものが出来上がるのですね。それと同時に先生たちのご指導に頭の下がる思いです。（中略）「いったいどんな役をするのか」と聞くと、「ぼくは大蛇」と言ってセリフを言ってくれました。それを見て、「たったこれだけ」と口に出たことばに、心の中でしまったと思ったのですが、遅かりしで、「死ぬのつらそうに言うのむつかしいのに」とふくれっつらで、叱られてしまいました。実際に劇を見て、ほんとうにすまなかったと思いました。それぞれが、自分にまかされた場面を、いかに感情を込めて表現しようかと努力しているのが、ありありと見えていました。一人だけががんばってもダメなことを皆は子どもなりに理解していたのですね。見ていて胸がジーンとしてきました。それから最後の先生方のコーラスが、この劇をいっそう盛り立ててくれました。涙腺のゆるい私は、あふれる涙をどうしょうもありませんでした。帰りに伸也と「お母さん、ぼく真珠の涙出たんよ」「お母さんも、いっぱい真珠の涙出たよ」と話しながら、劇の感激にひたっていました。（IK）

③たかが六歳の子どもと思っていたのに、あんなに真に迫って見事に演じられるものかな、と不

思議にも思いました。一つのことをいっしょにやり遂げる喜び、そして感激。こんなすばらしい園ともう別れるんだと思うと、より悲しく、隣のお母さんたちといっしょにすすり泣きしてしまいました。家へ帰っても、「お母さん、かわいそうなかったろ」という子ども、主人に一部始終を言うと、「いっしょに見に行きたかった」と一言。そして、自分の子どもの成長を喜びました。今、子どもの死ということが世間で問題にされていますが、このばら（年長組の名前）さんたちは、「そんなことはいけない、生きるということは、どんなに大切なものか、かわいそうなぞうのおかげで思い知らされたのではないか」と思われます。（TY）

④ばら組のゆきこは、生活発表会にかなりの意欲を持っていました。ナレーターの係で、言葉の最後が強すぎると言って練習したり、ジョンが「たべものをください」と言うところは、「たべものをくれ」のほうがジョンらしいと思わん？　とたずねられたりもしました。「かわいそうなぞう」の題材は、六歳の子どもに理解させ、表現までさせるのはむずかしい、と私は思っていました。（中略）子どもたちの演技や表現は、たんなる演技力、表現力ではなく、六歳の子どもなりに感じとり、理解した悲しみの気持ち、怒りの心が、精一杯表されていて、すばらしい感動を与えてくれ、涙が流れて止まりませんでした。何よりも子どもたちの心を大切に、感情の豊かな子どもに、との先生方のご指導をありがたく思います。（KY）

⑤とても心配でしたが、「かわいそうなぞう」を見た時、ほんとうに、六歳の子どもがここまで役になりきれるのかとびっくりしました。全員が一つになって取り組む姿の大切なことを、小さな子どもたちに教えられ、団結のすばらしさを学びました。当日は、おばあちゃん、妹と三人で見に行きましたが、おばあちゃんも妹も、みんなの役に取り組む姿にびっくりして、ほんとうに感心していました。そして、家に帰ってから、おじいちゃん、おばさんらに話してあげたり、お父さんにも、家で、二人でもう一回して見せてくれたり、ほんとうにすばらしく、大きく成長してくれたと思っております。いつの日か東京の動物園のお墓につれていって見せてやりたいと思っています。（YE）

⑥「お母さんどこ！」という声が聞こえてくる……。象の、動物たちの、苦しそうな姿が目に浮かぶ……。一人ひとりが動物に、その時の悲しむ人々になりきっていた。戦争という悲惨な世界を、子どもたちに、目の前に見せられ、どのお母さん方も涙を流していた。先生方のコーラスが流れ……。私たち母親は、子どもたちの演ずる劇の世界に入り切って見ていた。どの子も、どの子も、一人ひとりが真剣な表情で演じ、とても素晴しく、先生方の、真剣な保育の取り組みが感じられ、うれしく思いました。帰る道々も、わが子の手を取り、「上手だったね、とてもよかったよ、美和子の顔は、ほんとうに恐そうだったし、声も泣きそうだったね、母さんも涙が止まらなかったよ」と、くり返し、くり返し、帰った。（FT）

⑦子どもたちの真剣なまなざし、ほんとうにびっくりしました。さくら、はと、もも、すみれ、ばら（当時の年齢別のクラスの名前）。保母さんたちの一日一日の積み重ねですね。どの子も一生懸命がんばりました。昨年に続いての「かわいそうなぞう」。一人ひとりが、その役になりきって、ほんとうにおどろきました。発表会前から、「母さん、公ちゃんの演技力を見てください」との声……。「公ちゃん、何になるん？」「ひょうになるんよ」「どんなことするん？」……と聞きましたが、「発表会を見に来てんよ」の一声。見ないとわからないはず、当日一番前で、楽しく、子どもたちのすばらしい豊かな心、育む自然な姿を見せていただきました。（ＩＷ）

⑧（前略）ラストシーン、私の胸は、張り裂けそうになり、とめどなく流れる涙。演技をした子どもたちも泣いている。会場のアチコチからもすすり泣く声。感動とも、何とも言えない気持ちでした。（中略）戦争を知らない子。私はこの劇を見ながら、ほんとうにこの子たちは戦争を知らないのだろうか、と錯覚さえ覚えました。「お母さん、戦争って、かわいそうネ」としか、受けとめていなかった子どもの気持ちも、この劇に取り組んで、戦争のおそろしさ、悲しさがわかったのではないかと親なりに解釈しつつ、親子共々、いつまでも平和であることをさけび、願いつつ……。この平和な時に、子どもの自殺が多くなり、命の尊さを知らない子、また、生きものに対する愛着が欠けている今の時代、新田保育所ばら組は、全国をかけて、学校関係、保育関係に、公演にいっ

てはいかがですか？　これは夢ですね！（KH）

⑨苦しむゾウや悩む飼育係の人たち、そして、内からわきでた怒りを、子どもたちがあれほどまでに表現できたすばらしさは、先生方の生きることへの真剣なまなざしがあればこそだと感激しました。私の息子も生きていれば二歳半。脳性マヒ重度障害で施設に入ったまま、発作がおきて、生命を失いました。ほんとうに命は尊いものです。（FT）

⑩新田保育園にあずけてから、少しずつ他の人のできないことをいっしょに助けようとか、何でも自分でやろうということがわかりつつあると思います。どうか、意志の強い、やさしい人間に育つように教えてやってほしいと思います。みんなで歌うこと、劇をするということは、助け合う精神を育てていくと思います。そして、親としても、子どもの成長を目で確かめるということもいいことだと思います。（TN）

⑪あまり主役とか端役とかがなく、集団生活の中で大事な協調性とか思いやりが生まれてくるような内容のものが多かったのと、障がい児が健常児とかかわりなく参加し、責任を持って、健常児が世話をしている姿が印象に残っています。また、ばら組さんの象のお話はほんとうに胸を打つすばらしいものでした。戦争を知らない私たちが、いくら戦争の悲惨さや命の尊さを説いてもわかって

もらえません。（中略）この劇が私たちの心に深く残るように、子どもたちがこれから大きくなって、生命の尊さを忘れないでほしいと思います。（BK）

⑫『だんだんとひき入れられ、ゆさぶられた、この感動はなんでしょうか』（中略）一番大切なこと。すべての一人ひとりの子が生かされていること。私の立場からは、やはり視点がそこにいきます。こんなところが、他のどこにあるでしょう。迷惑そうな姿。自分が優れているから、あなたを助けているんよ。優秀な子の得意そうな顔。（他の場所では―著者注）こうした面にはしばしばぶつかり、私が母親だったら連れて帰ろうと思ったことがありましたが、そういった場面にぶつからなかったこと――何にもまして、うれしい感謝の気持ちでいっぱいでした。今までに身についてしまった、比べるとか批判するとか、そうしたものをまったく抜きにしてはみることができなくなってしまった現在です。そんなことのない純な気持ちで、もう一度勉強し直したいと思っています。そうした機会を与えてくださったことに感謝いたします。（障がい児の訪問教師）

⑬(1)一人ひとりの子どもが、三歳なら三歳なりに、五歳なら五歳なりに全力を出して輝いていることに感心しました。世界中の子どもたちが、こんなふうに輝ける条件をつくっていけたらと思います。そして、園長先生はじめ先生方も、一人ひとり輝いて見えました。(2)人間が人間になるために、知的な発達、解放ばかりでなく、身体的な解放が欠かせないこと。そういう点では、のびのび

と活動しているだけではなく、逆に力を抑えることや「溜める」ことが、すばらしく指導されているように思います。「ちょうちょ」のように自由にはばたけることと「たおれていく動物」のように自由をうばわれてのたうつこと、一見反対の動きができること、これは素敵です。(3)平和的な教材について。これがほんとうに子どもの要求であれば、こんなにも説得力があるということ。自分の「声」だから無理がない。見ているお母さんが泣いていたし、子どもたちも「感極まった声」で演じていました。考えてみたら、戦後すぐの一時期には、どこの学校でも平和を教材に取り上げていたものでした。(4)落合先生の話術に感激。とにかく熱っぽく園の注文を立て続けにしゃべりまわる落合先生のお話が、父母をぐいぐいひきつけたのに感心しました。機会あるごとに子どもの側に立って親を教育すること。正しいことを伝えるのになんの遠慮がいろうかという感じでズケズケおっしゃる。その熱が、いまの教育に欠けているもの、求められているものではないか。（ＳＩ）

以上、一部を書き留めましたが、親たちの劇を観ての感想は、次の七つにまとめられます。

第一は、子どもたちが、劇の内容をとてもよく理解しているということでした。読む力、聞く力、全体を理解する力が育っているということでした。

第二には、登場人物や動物たちの感情がしっかりとらえられていることでした。平和な動物園での楽しさやうれしさ、戦争場面での飼育係の苦しさ、かなしさ、怒りなどの感情が自分のことのように受け止められていました。

第三には、その理解や感情が、身体的に表現されたのです。悩む飼育係になりきっていたし、苦しむ動物たちになりきっていました。

第四には、一人ひとりでは、できないことも助け合い、力を合わせて、一つの劇に結集し、新たな地点まで到達していました。「一人ではなかなかできないことでも、集団で力を合わせて一つのものに集中してやれば、子どもたちの未知数の力まで十二分に引き出し、伸ばすことができることの大切さをつくづく感じました」との感想もありました。

第五には、子どもたち自ら一生懸命になって劇に取り組もうとする姿勢があったことです。たとえば「蛇の苦しさ」の表現という自分から自分に課した目標の実現へ向けて努力する子どもがいました。その真剣なまなざしや子どもたちの意気にうたれるのです。

第六には、第一から第五までの子どもたちの実際の姿に接して、親たちは、感動し、心をうたれたことを率直に綴っていました。涙を流さざるをえなかったのです。

第七には、このような劇を演じるまでに育った子どもたちを指導した園と先生方への感謝の気持ちが書かれていました。

これらの劇を見た親たちからの感想は、『かわいそうなぞう』の幼児期における劇づくりへの批判に対する一つの回答としても読むことができるのです。

5　幼児期における劇づくりと平和教育の課題

長年にわたって、乳幼児期の劇あそびや劇づくりの実践研究に取り組んできた田川浩三は、次のように、新田保育園の劇づくりについて論評（田川、2000）しています。

半世紀の歴史を貫いてそびえている何本かの柱が、新田保育園のたぐい稀な存在意義を物語っていいます。そのうちの一本の柱が、生活発表会のとりくみで、特に最年長ばら組の『かわいそうなぞう』（土家由岐雄作）による劇づくり（劇あそびではない）です。ばら組だけは、毎年同じテーマで、二十三年も続いているのですから、名物伝統行事となっています。ばら組になったら、何をやろうかと迷うことはありません。どのように『かわいそうなぞう』を演じようか（上演の意義）について悩むのでしょう。ある年は『そして、トンキーもしんだ』とか、またある年は『ぞうれっしゃがやってきた』など、年ごとに上演の意義（切り口）を見出しています。毎年新しいからこそ二十三回も続いたと思います。年ごとの曲折はありましたが、戦争体験の風化をいましめ、今年こそ平和の大切さを訴える、というテーマには一貫してゆらぎはありません。当園の特徴は、ばら組の劇だけではありません。生活発表会は、どの年齢でも、年間保育活動の総括であり、最年長組の発表は、入園以来、劇あそびなどを積み上げることによって、その力を蓄えたのでありますから、特に劇にしぼり込んで述べることで、新田保育園のアイデンティティに迫れるのではないかと思います。

最初は一九七七年で、広島の松原多恵子さんの実践に感動して、その模倣であったと落合園長は述べています。私が最初に観たのは、八一年五回目のとりくみで、即八ミリ映画に撮りました。八三年第二十二回の全国保問研では、小笠原真弓さんが、映像の上映とともに提案なさったので、賛否両論たいへんな反響を呼びました。幼児にこれだけのことができるのか、すごい、感動した、という感想がほとんどでありましたが、一部の否定論は次のとおりでありました。

(1) 幼児に与える絵本は、豊かな夢のあるものにすべきで、『かわいそうなぞう』はよい教材とは言えない。

(2) 幼児期の平和教育は、飼育栽培などを通じて、命をいとおしみ、暴力によるケンカをなくして仲よく毎日を楽しむというような、間接的平和教育でよい。

(3) 幼児の発達段階の特徴からして、劇をさせるなどは無理で、劇あそびでなければならない。

この論点は今も続いていますが、当園では、その後の二十年の実践で、反論を実証していると思います。(1) では、夢のあるすばらしい絵本をたくさん味わっています。(2) では、直接的平和教育の土台となる体験を、たっぷりと集団的に積み上げています。でなければ、劇の最後の

「戦争はいやだ！」というセリフなど浮き上がったスローガンとなってしまいますが、当園では、着実に実体験からにじみ出た、リアリティーのあるセリフになっています。（3）では、幼児期にも劇ができる、幼児期だからこそ、こんなに象になりきった迫真の演技をしている事実を認めるべきだと思います。

当園でも、最初の頃は、役や場面はしっかりと掴んでいますが、緊張で硬直した体で無理をして声をはり上げようとする努力がみられました。そしてそのがんばりが評価され、親の感動を呼んでいたようでした。しかししだいに演技が洗練されて、役に生きる状態がふえています。進歩の要因の第一は、小さい子どもが、ばら組になったら象の劇ができると期待し、自分がやる時は去年よりももっとよく演じたいという意欲の積み上げだと思います。第二に特筆すべき要因は、親たちが今時珍しく集団として高まっていることです。幕があくと客席は静まりかえり、受容的な期待と、愛情に満ちた励ましの心で会場が一つになります。これは、他園にはみられない当園独特のムードで、演じる子どもの息づかいにも客席は敏感に反応します。これでは子どもも自信をもって演じるのも当然です。子ども、親、保育者が同じ祝祭の場で、手づくり文化を発信し、伝統行事のだいご味を満喫する、これがメディア時代には稀な、新田保育園の特徴だと思います。

この田川の論評は、本章第3節の『かわいそうなぞう』の劇への批判に対応しています。そして、批判へ反論を返す形になっているのです。

すでにこれまで述べてきたことと重なる部分もありますが、再度、批判の地点に立ち返って、『かわいそうなぞう』の劇づくりが提起している今後の平和教育において考えなければならないことを取り上げて、本稿を閉じることとします。

第一の批判は、幼児期の子どもにはむずかしい、というものでした。幼児は幼児なりに、「象が死ぬのはかわいそう」「戦争で、動物や人が死ぬのはいやだ」と、それぞれの子どもの地点でとらえることはできるのではないでしょうか。そして、幼児は、彼らの地点で、「語り継ぐ」ことができるのではないかと思うのです。

しかし、たとえば、町田市立忠生小学校では、二〇一一（平成二十三）年十月、開校一〇〇周年記念学習発表会で、『ぞうれっしゃがやってきた』を六年生が上演し、会場は、父母や子どもたちの感動の波に包まれたと言います。無理のない、すばらしい劇であったということでした。その通りであったことでしょう。

ただ、第4章に書いたように、『かわいそうなぞう』は、『ぞうれっしゃがやってきた』より容易であるのかもしれません。それに加えて、新田保育園において、ここまで自然に、親や観客の心をうつまでになるのには、「時間」という理由があるような気がするのです。劇づくりへの取り組みにたっぷり時間をかけているのです。新田保育園では、秋の運動会が終わってから二ヵ月あまりにわたって劇づくりに取り組みます。もっと、ずっと前、年度初めの四月には、劇の演目が決まっているわけではないのですが、それを意識しての絵本の読み聞かせなどが始まります。さらには、新田保育園に入園した子どもも親も、五、六年前から、あるいは三、四年前から、毎年、生活発表会の体験を重ねているのです。

第二の批判は、幼児期には、消極的平和教育ではなく、積極的平和教育をこそ実践すべきではないか、という見解でした。新田保育園では、消極的平和教育も積極的平和教育も実践されています。『かわいそうなぞう』の劇づくりは、他者（飼育係あるいはいっしょに劇を演じる友だち）への想像力を働かせる活動であり、集団づくりの過程でもあったのです。消極的平和教育が同時に積極的平和教育にもなっているのです。別の言葉でいえば、直接的平和教育の展開が「安心感」などを含む構造的平和教育になっています。ゆったりとした構造的平和教育（保育と同義）のなかで、直接的平和教育を行う必要があるのはいうまでもありません。私たちは、直接的平和も、構造的平和も、そして、その背後にある文化的平和も、そのすべてを求めていく欲ばりであってよいのではないでしょうか。

第三の批判は、「悲しい」体験で、子どもを追い詰めてよいのか、という意見があります。たしかに、悲しいことばかりでは救いがありません。楽しいことやうれしいこと、喜びがたくさんあるなかで、悲しい体験もすることが肝要だと思われます。したがって、「象の死」や「空襲の怖さ」と対比して、戦争の前と現在の楽しい平和な動物園の風景をたっぷり味わう必要があります。この点では、『ぞうれっしゃがやってきた』は、最初に悲しいことが起こったとしても、どんどんうれしいことや喜びが現実のものになっていく方向へと進んでいくから、幼児も心弾ませるかもしれません。ただし、子ども会議など、幼児には難しい面も含んでいるので、無理のない脚本づくりが求められているともいえます。

第四の批判として、子どもの主体性が尊重されているか、保育者の押し付けに従って、子どもが演じているのではないか、という指摘があります。この点については、親からの感想を読めば、子どもたちは、自分から進んで、意欲的に劇に取り組んでいることが伝わってきます。保育者の押しつけに従って、劇を演じているのではないことがわかります。実際に劇を観た田川氏も、子どもたちの自発的な努力によって、劇が形づくられていることを報告しています。

以上の批判は、たとえ、これまでの新田保育園の実践にはそのままは当てはまらないとしても、現在でもなお明快には解決されていない、幼児期の劇づくりと平和教育への論点として、絶えず意識化しておく必要があります。すなわち、いつも、これらの諸点に留意しつつ、日々の保育をつくっていくことが求められているといっても過言ではありません。

夕暮れ時、家路を急ぐ時、今日一日「楽しかったな」「愉快だったな」と子ども自身が心の底から思うことができれば、その日の保育は、大成功なのです。この視点とその意識化が求められています。これは、構造的平和教育そのものでもあるのです。

阿部彩　『子どもの貧困―日本の不公平を考える』岩波新書、二〇〇八年
伊藤武彦　攻撃と暴力と平和心理学　心理科学研究会編『平和を創る心理学―暴力の文化を克服する―』ナカニシヤ出版、二〇〇一年、九〜三一頁
乾孝『伝えあい保育の構造―未来の主権者を育てる保育』いかだ社、一九八一年
乾孝『伝えあい心理学入門―人格の生涯発達をめざして』いかだ社、一九八三年
小笠原真弓「『かわいそうなぞう』の劇づくりにとりくんで」『季刊保育問題研究』八十二号、一九八三年、一五〇〜一五四頁
沖縄平和ネットワーク『平和ガイドとは？』二〇〇五年（杉田、2006による）
ガルトゥング著／高柳先男・塩屋保・酒井由美子訳『構造的暴力と平和』中央大学出版部、一九九一年
ガルトゥング・藤田明史編著『ガルトゥング平和学入門』法律文化社、二〇〇三年
駒居美紀「乳児からの生命を育むとりくみ」全国保育問題研究協議会編『子どもの心に平和の種子を―乳幼児期の平和教育―』新読書社、二〇〇一年、五一〜六七頁
新地素子「平和教育は保育の原点」全国保育問題研究協議会編『子どもの心に平和の種子を―乳幼児期の平和教育―』新読書社、二〇〇一年、一三六〜一六〇頁

下嶋哲朗　戦後六〇年の「命の仕事」『世界』七四〇、一五二〜一六〇頁
新田保育所『なかまたち』十六号（昭和五十三年度）、一九七九年
新田保育所『なかまたち』二十号（昭和五十七年度）、一九八三年
荘司雅子「子どもたちに平和なあしたを」全国保育問題研究協議会編『子どもの心に平和の種子を―乳幼児期の平和教育―』新読書社、二〇〇一年（第二十六回全国保育問題研究集会記念講演・別府、1987年）
杉田明宏　沖縄・平和ガイドの平和心理学的考察『心理科学』第二十六巻第二号、二〇〇六年、三〇〜四七頁
田川浩三「第二十二回全国集会分科会報告の追加：認識と表現―文学」『季刊保育問題研究』八十四号、一九八三年、八一〜八四頁
田川浩三「二十三年続いている劇「かわいそうな象」の上演」『仲間たちのシンフォニー』ひとなる書房、二〇〇〇年、一五六〜一五八頁
田川浩三・兵庫保育問題研究会編『劇づくりで育つ子どもたち』かもがわ出版、二〇一〇年
高垣忠一郎「「自己愛」と「自己肯定感」から考える子育てにおける「平和」と「暴力」」『心理科学』第二十六巻第二号、二〇〇六年、四八〜五八頁
高垣忠一郎『登校拒否・不登校をめぐって』青木書店、一九九一年
中島常安「幼児期の平和教育の課題〜直接的平和教育と間接的平和教育をめぐって」『心理科学』第

二十六巻第二号、二〇〇六年、五九～七三頁
松原多恵子「『かわいそうなぞう』を通しての幼児の平和教育」『季刊保育問題研究五十六号』全国保育問題研究協議会、一九七六年、一五～三八頁
元木良子「幼い心に平和のとりでを」全国保育問題研究協議会編『子どもの心に平和の種子を―乳幼児期の平和教育―』新読書社、二〇〇一年、六八～八〇頁
文部省『生徒指導の手引（改訂版・五刷）』大蔵省印刷局、一九八八年
山田昌弘『希望格差社会』筑摩書房、二〇〇四年
渡辺弘純「遊びから自分づくりを考える―乳幼児期の発達を切り拓くもの」渡辺弘純『自分づくりの心理学』ひとなる書房、二〇〇〇年、八七～一二八頁
渡辺弘純「遊びの発達的役割」『学童保育研究』第二号、二〇〇一年、一八～二九頁
渡辺弘純「〝Let it be〟としての希望」日本認定心理士会『日本認定心理士会ニューズレター』第二十七号、二〇一〇年、一頁（巻頭言）

補章

『へえ六がんばる』の劇づくりに取り組んで

渡部睦美

新田保育園の生活発表会の近況報告に代えて、もっとも新しい昨年（二〇一一年）末に上演した『へえ六がんばる』（北他、1972）の劇づくりへの取り組みとその脚本を掲載することにしました。

1　はじめに

うちゅう組五歳児クラスは十六名（男の子十名、女の子六名、内障がい児一名）を担任一名（加配〇・五）で保育しています。こじんまりとまとまっているようでもありますが、男の子が多く活発で、話を最後まで聞けず落ち着きのないところが気になりました。

年長組の劇づくりをするにあたり、今年は何が大切なのだろう、何を子どもたちに伝えようと考えた時、三月十一日の震災を忘れることはできず、やはり助け合うことであり力を合わせること、未来に希望をはせることなのではないだろうかと思いました。『へえ六がんばる』はへえ六の小さな勇気をきっかけに河童や村人たちが力を合わせ、火山である火の玉太郎から平和な村を取り戻すお話です。その劇づくりを通して、子どもたちのなかで自分を重ね合わせながら話し合いが進むことで大切なものを感じてもらいたい、そして集団としてもさらにまとまっていくのではないかと思いました。

2　『へえ六がんばる』に出会って

四月、『へえ六がんばる』の絵本を初めて読んだ時、子どもたちはくい入るように見ていました。読み終えると「おもしろ〜い」「どこがおもしろかった？」と聞くと、「へえ、よごす、いうとこ」「おぼさりてぇ〜いうとこ」と、言葉のおもしろさがあったようです。また、日々の生活の中で何か頼むと「へえ、よごす」と返事が返ってきたり、杉の木の上から河童がへえ六におぶさるところは、木々に囲まれた道を歩きながら「おぼさりてぇ〜、だれかにおぼさりてぇ〜」という子どもたち。まさかほんとにいないだろうなと、おもしろいんだけどちょっと怖そうに木の上を見ていました。夏の合宿でも近くの生子山の河童から、なくした皿とひょうたんを探してほしいと手紙が来て、へえ六と同じように河童を助けようとやりとりを楽しみました。『へえ六がんばる』の劇づくりでも大道具小道具に何がいるか、子どもたちとホワイトボードに記入していたときには、ひょうたん、皿、甲羅が出てきました。「ひょうたん、ふたつしかない」。河童役は五人。「ひょうたん、まだいるわ」「ひょうたんとさらとこうら、しょうじやまのかっぱにもらわんのん」「てがみ、またかこや」と話はどんどん進み、みんなも「そうしよ、そうしよ」ということになり、手紙を出しました。

〝しょうじやまのかっぱさんへ。へえろくがんばるのげきをするのでひょうたんとさらとこうらをください。うちゅうぐみより〟

でも、何日か過ぎても音沙汰なし。「てがみよんでないんじゃ」「いま、さがしよんじゃないん」「もうてがみはがす」「じぶんらでダンボールでつくる」。いろんな声があがっていましたが、とうとう生子山《しょうじやま》の河童から〝ひょうたんは少し分けてやる。皿と甲羅は人間の考える力で自分たちで作るように〟という手紙とひょうたんが大小七個、袋に入っておいてありました。子どもたちは大喜びで保育園中見せにまわるということに発展していきました。

また、火の玉太郎の走っている絵を見て、運動会の紅白リレーも「ひのたまたろうみたいに、はしったらはやいんじゃないん」と、『へえ六がんばる』の絵本が印象強く残っているのがわかりました。

3　役決め

『へえ六がんばる』の劇をすることに決まり、舞台となる岩木山の火山の絵をみんなで描きました。墨汁で黒い部分を交代で線をいれ、噴火した火の粉は手のひらで、流れる溶岩は絵の具で色づけしていき、小さい火の粉はクレヨンで点々して、迫力のある絵ができあがりました。クラスの壁面に貼り、〝さぁ、やるぞ〜〟。ここは岩木山と、いろんな役を楽しんでいきました。二人組になってへえ六対河童や村人や火の玉太郎になったり、また全員でへえ六の歩き方、火の玉太郎の走り方やすべる様など案を出し合い演じて楽しみました。そして、したい役でストーリー展開をしていきました。

いよいよ役決定の日、へえ六役二人のところにやりたい子が七人。誰がへえ六をするか、へえ六役のしたい動作、言いたい台詞を友だちの前で見てもらおうということになりました。まだ恥ずかしそうにしたり小さい声で台詞を言う友だちのなか、できる力は十分にあるのに、いつも結果を気にして力を出すことに躊躇しているのではと思うT君が、太鼓を叩きながら台詞を堂々と大きい声で言いました。T君は本もよく読んでおり、台詞もいち早く覚えてへえ六が持つ太鼓の用意もしていました。友だちは「せりふおおきいこえでいいよった」「T、へえろくしたいけんせりふ、ようしよった」と評価をもらい、T君が決まり、もう一人は何日か決定を持ち越し、そしてRちゃんG君の二人のうちどちらかということになりました。二人とも「ぜったいへえろくがしたい」。

反対に人気がなかったのが火の玉太郎。「ねえ、火の玉太郎してみんで?」と声をかけましたが、みんな「いやじゃ」。「なんでいやなん?」と聞くと、意外な返事が返ってきました。「まっかっかじゃけん」とか、「へんなパンツ（ふんどし）はきたない」。いろいろな役で遊んでいるときはけっこう楽しんで火の玉太郎をしていたのに、いざ自分の役となると気になったようです。「火の玉太郎いなかったら劇できんよね」「……」「よーし、そしたら明日は先生がなるわ」どうしたら魅力的な役になるのか、その日の夕方、赤のすずらんテープを束ねて火を作っていると、「せんせ～なにしよん?」と子どもたちが集まってきました。「へへ、いいもの作りよんよ」「それ、ひだろ!」興味をもって見ているのがわかりました。その火も、役が決まった後子どもたちが制作する中では、火の表現は赤色だけじゃなく、「きいろもちょっといれたら?」「ほんにもきいろ、はいっとる」と少し黄色を入れると赤一色より火らしくなり、本をよく見ていることに感心しました。

次の日、保育者が火の玉太郎役を熱演し、火の玉小僧役のS君がいっしょにしてくれました。S君も最初はへえ六がしたいと言っていた一人でしたが、ふだんから落ち着きがなくふざけることが多く、へえ六決めの時もふざけて真剣にはしませんでした。しかし、火の玉小僧は劇の始めで、火山の効果音とともに側転やジャンプで出てくるところがあり、「S、そくてんめちゃうまい」とみんなに認められ、うれしそうに火の玉小僧になりました。

その日の練習後、「あした、ひのたまたろうしてみる」とへえ六がしたいと言っていたG君が名乗りをあげました。次の日、「いえでもすべるところれんしゅうしたんよ」と友だちの前で火の玉太郎が滑ってころぶシーンを見せ、「G、すべるとこうまい」と友だちから褒めてもらい、満足げでした。練習後聞いてみると「ひのたまたろうしてもええよ」と返事が返ってきました。みんなにもそのことを伝え、役が揃って劇ができることを喜び、そしてどの役にも見せ場があり、何が欠けても劇は前には進まないことを確認し合いました。

障がい児のYちゃんも子どもたちと相談して、へえ六の飴を買いに行く村人をすることになりました。

4　取り組みの中で

クライマックスのところで火の玉太郎の所にいるへえ六のもとへ、目の見えない河童が何百何千の河童たちをつれてくる場面と、めらしっこ（むすめ）が村人たちを連れてくる場面は絵本の中にあるのだけれど、それまでにどんな話がされたのか、どんな気持ちだったのか、その描かれていない部分を深めていくことが大切だと思いました。この二場面を子どもたちで絵を描き、自分だったらどうするか、みんなで話し合い考えていきました。へえ六ってどんな人と聞くと、「どきょう（絵本の中の言葉）のあるひと」「度胸ってなんだろう？」「ゆうき」という答えが返ってきました。「勇気ってなんだと思う？」へえ六は火の玉太郎のとこ行くの怖くなかったんかなあ？」「こわかったおもう」「河童や村人はなんでへえ六助けに行ったんだろか？」「へえろくがたすけてくれたけん」「ひとりじゃ、あぶない」「みんなは助けにいく？」「うん、いく！」「いやじゃ、こわいわ

〜」「そう、怖いと思う人もおるよね」。そんな話し合いの中で絵本に描かれていない場面、台詞が決まっていきました。

「なんびゃくなんぜんのかっぱたちには、どうやってしらせるん？　そんなんむりじゃおもう」そんな疑問も出てきました。たとえばみんなが家に帰って伝えたら、兄弟が学校で友だちに伝えて、お父さんお母さんが会社で伝えてと図示して話していくと、それは真剣な顔で聞いていました。舞台では子どもたちの「うえからつるしたら」の発想から一人が一匹ずつ作った十六の河童が何百何千の思いを込めて後方壁面に糸でつるして出すことになりました。

また、この台詞の時はどんな気持ちなんだろうと聞くと、想像して「つらいとおもう」「どきどきする」「ゆうきだそうっておもっとる」などの言葉がどんどん出てきました。役の気持ちを考えるのが楽しいようで、その気持ちを動作に結びつけていくうちに「みんな〜みよって」「たのしいわ〜」と自分の役にだんだん自信もついてきたようでした。

何度も読み込んだり、劇づくりをしていく中でおもしろさだけでなく、それぞれの役の気持ちに少しずつ気づいてきたようでした。そして、しばらくして「前に勇気ってなんだと思うって聞いたけどなんだと思う？」と聞くと、「こわいけどいくこと」「たすけたげる」など子どもたちからでてきました。「みんなはこれまでのことで勇気だしたことある？」と聞くと、G君が「おれ、とうさんにおこられて、そとにだされそうになったけど、げんかんでふんばってがんばったんよ」とおもしろい答えが返ってきて笑いがおきたりもしました。「う〜ん、それはちょっと勇気とは違うかもと言うと、みんなしばらく考えていましたが、「たけうま、こわかった」「(合宿で)うでわ、とりにいったこと」と返ってきました。「みんな、竹馬も乗れるようになったし、腕輪も取ってきたよね。そしたらみんなも勇気持ったことあるんじゃ」と言うと、僕も私も乗れた、取ってきたとアピールしていました。

「黒子ももっと子どもだけでできんかね。舞台を知るということになる」と副園長に助言され、まかされた子らはその役の責任を集中してするようになりました。

役の集団としても、大道具運びなどの用意から演技までバラバラだった気持ちがひとつにまとまってきたのが感じとれました。

5　発表会二日前

火山の絵の壁面制作から始まった『へえ六がんばる』の劇は、最後の場面では、火山はおとなしい山となり、川は流れ、金色の稲とりんごが実る風景へと姿を変えます。その平和な風景を貼り絵にと、親たちにもお迎えの時貼ってもらい、みんなで仕上げました。「せんせ〜、ほんもののりんごたべたいわ〜」と散歩先でりんごを食べました。「なんで、りんご食べれると思う?」と聞くと、目の前の山に目をやり、「いわきさん、ふんかせんなったけん」「ひのたまたろう、やっつけたけんね～」「ひのたまたろう、いいことするいよった」と、子どもたちは役と重ねていました。おいしいりんごでした。

6 発表会当日

みんな、自分の役を一つひとつていねいに緊張する気持ちを抑えながら、がんばりました。

目の見えない河童役のMちゃんは長い台詞を気持ちをこめて言い切り、河童役の子どもたちをひっぱっていきました。村人役の子どもたちは幕前や花道と、観客により近い所で演技をしました。ドキドキしたと思います。また、後半へえ六役のRちゃんと火の玉太郎のG君の場面では壷に隠れていたRちゃんが出てくる時もうひとつの壷が倒れました。本の中でも、へえ六が「へえよごす。いまでていげす」と言って出てきた時にもうひとつの油の入った壷が倒れるのですが、なかなかそううまく倒れるものではなく、練習中もうまくいかず仕方がないので、Rちゃんが壷から出てきて「おっとっとっと」ともうひとつの壷を手で倒す設定で、ずっと練習していました。それに合わせてGくんはツルン！　それにあわせてピアノが♪♪～と入るはずが、本番、えっ！　えっ！

壷が倒れた！「おっとっとっと」と次のセリフと動きをしようと思ったRちゃん、そしてG君、一瞬固まりましたが、さっと気持ちを切り換え、ツルン！とすべり、へえ六のRちゃんも逃

畑も田んぼも野山も焼きつくしてやる！

何百何千の河童たちの水よ

げ出し、劇を続行していきました。

火の玉小僧役のS君は前日、保育者のところへやってきて「せんせ〜、あした、ほんばんよね」「そうよ」と言うと真剣な顔で「わらわんようにせないかん」と自分に言い聞かせるように言っていました。決意表明も〝笑わんようにがんばる〟。その決意は達成されました。側転もみごとでした。Yちゃんも友だちといっしょに出て自分の台詞を言うことができました。

クライマックスでは全員が舞台に集結するようにしました。前半でへえ六役を終えているT君は最終場面、黒子から村人になるのですが、短い時間で合流しなければなりません。T君に「できそう?」と聞くと「うん、できる!」。本番、黒子姿で水の帯を持って舞台を右から左に走り抜け、舞台裏の保育者に水の帯を渡して、村人の衣装をさっと腕を通したらいいように広げて待っているもう一人の保育者の所で背中を向けて腕を通し前紐をくくる段取りでしたが、保育者がちょっとだけ戸惑っていると「もうええ!」と自分でしようと走り抜けて行ったそうです。

T君は必死だったのだと思います。舞台の上で演じながら村人たちを待っている河童役とへえ六の子どもたちとは村人たちが舞台に上がるのが遅くなっても「やったあ」ってセリフを言いながら待つという約束をしていました。村人の子どもたちもT君を今か今かと待ち、揃って花道から舞台へと飛び出していったのです。役と同じように仲間と合流したうれしい瞬間でした。

あとでT君にその時の気持ちを聞くと、「かっぱたちのやった〜のこえがちいさくなって、またおおきくなった。はやくいかないかんおもった」。待っていた村人役のR君は「いつも十かぞえたらくるくらいなのにちょっとおそかった」「かっぱのこらがこっちみて、やった～がちょっとちいさなって、またおおきなった」。その言葉に子どもたちの緊張と安心とがんばりが伝わり、胸が熱くなりました。

7　まとめ

十六人の少ない人数で自分の役をしながらも黒子になって大道具を動かしたり幕を開けたり、衣装を脱ぎ着しながらみんなでつくり上げていった『へえ六がんばる』でした。始めの頃はふざけたりして集中できない姿がめだち、保育者だけがあせり、憤っていたように思います。一人ひとりが真剣に取り組む姿から役の集団へクラス集団へと団結をみせてくれました。

最後に、子どもたちが劇づくりを通して『へえ六がんばる』の文学の世界にふれ、勇気をもって力を合わせれば、希望へとつながっていくことを感じてくれたのではないかと思っています。

北彰介 作／箕田源二郎 絵『へえ六がんばる』岩崎書店、一九七二年

脚本「へえ六　がんばる」

《火山の音》

ナレーター　むかし、津軽の国に、なんもかも困ったことが二つあったと。

（火の玉太郎、火の玉小僧、登場）

火の玉太郎　ワッハハハ！　おれさまは、岩木山の火の玉太郎だ！　畑も田んぼも野山も焼き尽くしてやる。ブォー！

火の玉小僧　火の玉小僧だ！　火の粉を撒き散らしてやる！

三人で　ワーハハハ、ワーハハハ

（幕が閉まる）

（幕の前に、村人登場）

村人A　田の稲も、畑のいももかぼちゃも、みんな黄色く枯れてしまった。

村人B　あれぁ、火の玉太郎っていう鬼が、人間さいたずらしているだ。

村人C　このままだら、今年はなんも採れなくなってしまう。困った困った。

村人D　だどもだども、どうする事もできない。どうしたらえんだか…

（村人、退場）

ナレーター　もうひとつ困った事は、町はずれの八幡様に、毎晩毎晩ばけものが出るようになったことだ。

（幕が開く、中央に木が立っている）

かっぱ①　おぼさりてぇ、誰かにおぼさりてぇ。

（マイクを使って）

（村人、通りながら）

村人D　おそろしや～、ばけものだー！

村人C　みんな家さ帰るだ、外に出るなよ！

（退場）

ナレーター　ところで、弘前の町に飴売りのへえ六という若者がおった。

（へえ六、登場）

へえ六　さあさ、飴だよ、おいしい飴だよ。
村人D　飴ちょうだい。
村人C　飴ちょうだい。
村人E　飴ちょうだい。
へえ六　へえよごす。買ってくれてありがとうす。まいどありっす。

（舞台　横で）

村人A　へえ六なら、なんとかしてくれるかもしれん。へえ六に頼もう。
村人B　へえ六さん、あんたは、どこでも歩いてるんだから、きっといい知恵があるべ。
村人A　ひとつ、おぼさりてぇばけものば退治してくれろ。
へえ六　へえよごす。
村人B　ほんとか？　へえ六さん頼んだよ。
へえ六　へえよごす。
村人B　良かったなぁ。
村人A　良かったなぁ。
へえ六　こわいなぁ。へえよごすって言ってしまったものなぁ。
かっぱ①　おぼさりてぇ、誰かにおぼさりてぇ。
へえ六　おっかない、おっかない。
かっぱ①　おぼさりてぇ、誰かにおぼさりてぇ。
へえ六　へえよごす。そんたらにおぼさりたがったら、おらさおぼされへ。
かっぱ①　せば、おぼさるどー。

（へえ六におんぶされて、舞台前に行く）

（かっぱを降ろして、向かい合う）

かっぱ① へえ六よ、おまえはたいした男だ。おらは、おまえのような度胸のある男ば待っていたんだ。

おらは、岩木山にいたかっぱだども、火の玉太郎というやつと大ゲンカして、目の玉とひょうたんば取られてしまった。今、お山ば火ば吹いているのは、火の玉太郎が悪さばしているからだ。どうか、おまえの度胸であいつらをやっつけておらの目の玉ば取り戻してきてくれろ。

へえ六 へえよごす。おらさ、任せてくれろ。

かっぱ① ありがとう。おーいみんな、へえ六が助けてくれる。目の玉取り戻して来てくれるって。

（かっぱたち、登場）

かっぱ② ほんとか！ 良かったなあ。

かっぱ③ でも、火の玉太郎はでっかくて強い。

かっぱ④ へえ六は、一人で大丈夫か？

かっぱ⑤ へえ六は、一人では無理じゃ！

かっぱ② おらたちは、水の守り神！ 水は火より強いんだ。力を合わそう。

かっぱ③ おらたちも行こう。へえ六を助けるんだ。

かっぱ④ 何千何百のなかまたちを集めよう。

かっぱ② よし、おらは東に。

かっぱ③ おらは西に。

かっぱ④ おらは南に。

かっぱ⑤ おらは北に。

（それぞれ言いながら、散らばる）

かっぱ① 岩木山に集合だ！

（幕が閉まる）

（幕が開く）

へえ六　（用心深く歩きながら）草も土も真っ黒だ。（噴火口の上に上る）なんだ、この穴は？（覗き込んで）わあ〜！（と、転げ落ちる）あいたたたたっ！　ははぁ、火の玉太郎はこの中にいるんだな。

（暗転し、噴火口の移動と家を出す）

（舞台裏に行く）

（この時から、へえ六役が変わる）

へえ六　あいたたたっ！ここが火の玉太郎の屋敷だな。それにしても、しいんとしている。きっと、どこかに出かけているんだな。

めらしっこ　（しくしく泣いている）

へえ六　ややっ、どうしたんだ。

めらしっこ　私は、火の玉太郎にさらわれてきました。どうか、助けてください。

へえ六　へえよごす。助けてあげす。そこの穴ば登っていげへ。今なら外さ出られるから。

めらしっこ　へえ六さん、ありがとう。

（舞台右のカーテンの中に退場し、幕が閉まる）

（幕前に村人登場）

村人A　（耕しながら）たがやせど、たがやせど。

村人C　（子守しながら）土は真っ黒だ。

（他の子は、草刈りしたり、耕したりしている）

めらしっこ　おーい！　みんなー。

（観客席入口から花道を通って登場）

村人A　めらしっこが帰ってきたぞ。

村人B　大丈夫だったか？
めらしっこ　はい、大丈夫です。へえ六さんが助けてくれました。
村人D　よかったなぁ。
村人B　へえ六はどこにいるんだい。
めらしっこ　火の玉太郎の屋敷の中です。
村人D　なんだって！　へえ六は大丈夫だろうか。
村人C　火の玉太郎は強いぞ。人間の三倍もあるらしい。
村人A　へえ六が危ない。
村人B　へえ六を助けに行こう。
村人D　おらはいやだ。こわいよ。
村人C　へえ六だって、きっとこわいけれど、勇気を出して行ったんだ。
村人A　今度は、おらたちが勇気を出すんだ。
村人B　村を守ろう。
村人D　稲を実らそう。
めらしっこ　花を咲かそう。
村人C　へえ六といっしょに、火の玉太郎ばやっつけるんだ。
全員　おー！
めらしっこ　あっちよ。（幕の中にはいる）
（幕が開く）
（二つの水がめと家が舞台にある）
へえ六　かっぱの目の玉と、ひょうたんはどこかいな。（探す）あったぞ、あったぞ。
《火山の音》
へえ六　やや、大変だ。火の玉太郎が帰ってきたぞ。（水がめの中に隠れる）
（火の玉太郎が登場）
火の玉太郎　だれだぁ！　入口の岩をぶっこわしたやつは！

へえ六　（探しながら）めらしっこもいないし、宝物もない！

ややややや、人くせえぞ。どっかさ人が隠れているな。そこさ、隠れていたな〜。出て来い！

火の玉太郎　へえよごす。今、出ていげす。

（油が入っているもう一つの水がめを、ひっくり返す）

へえ六　（油にまみれて、滑る）このやろうめ。油だらけだ。

火の玉太郎　今のうちだ。（逃げる）

（火の玉太郎、水がめを投げて追いかける）

へえ六　こらぁ、まて〜。まて〜。

（二人は、くっつきそうになったり、離れたりしながら追いかける）

火の玉太郎　やっつけてやる。ぶぉー！

（その間に、噴火口は後ろに下げる）

火の玉太郎　熱っ！　熱っ！　あっちっち。

へえ六　そうだ！　ひょうたんさ、助けてけろ！　それ〜！

火の玉太郎　わあ〜！　水だ〜！

くそ！　ぶぉー！　ぶぉー！

ぶぉー！　火の玉小僧出てこーい！

（火の玉小僧二人登場し、へえ六を囲む）

火の玉小僧　ひとつのひょうたんでは、かなわないぞ。

何百何千の火の粉よ、ふれ〜！

へえ六　あつつつ、あつつつ。こりゃ、かなわん。

（かっぱたちがカーテンの後ろから登場）

河童たち　けっぱれ〜！　けっぱれ〜！　へえ六さま〜。

かっぱ⑤　けっぱれ〜、へえ六さま。みんなで、助けに来ましたぞ〜

《火山の音》

火の玉小僧　おれたちは、岩木山の火。
　かっぱたちに負けるものか。
火の玉たち　ぶぉー、ぶぉー、ぶぉー。
かっぱ②　水をかけるんだ！
かっぱ③　何百何千の河童たちの水よ。
かっぱ①　集まれ〜。
火の玉太郎　やや、これだば、かなわねぇー。
火の玉小僧　わあ〜、もうだめだ〜。
　逃げろ〜。
（舞台そでに引っこむ）
河童たち　やったぁー！
めらしっこ　へえ六さま〜。
（言いながら、村人たちといっしょに、観
　客席入口から花道を通って舞台へ）
村人A　へえ六〜、大丈夫か？
村人B　火の玉太郎は、どこにいるだ？
へえ六　あっちへ逃げただ。
村人C　ようし、今度は水攻めにするべし。
村人D　石を積もう。石垣を作るんだ。
全員　おー！
（あちこちから石を運び積み上げる）
かっぱ⑤　よし、水を入れるぞ。
かっぱ④　みんな力を貸してくれ〜。
全員　せ〜の！
（石を積んだ中に、水が満杯になったよう
　に工夫して見せる）
（火の玉太郎、小僧たちおぼれながら）
火の玉小僧　あっぷ、あっぷ。助けてけれ〜。
　これからは、悪いことしないから
　助けてけれ〜。
村人　あんな悪いやつは、許さねえ。
全員　そうだ、そうだ。
火の玉たち　助けてけれ〜！
へえ六　へえよごす。今、助けてあげす。
（へえ六、水の中から三人を助ける）
火の玉太郎　今までの罪滅ぼしに、これからは

村人A　いい事をやります。
村人B　もう悪いことはしないか？
村人D　火山を噴火するなよ。
　地面の底で、おとなしくしているんだぞ。
村人C　いい事をするのなら、許してやろう。
（舞台の前に、へえ六と目の見えないかっぱを中心に、一列に並ぶ）
へえ六　目の玉も取り戻してやったぞ。
かっぱ①　ありがとう。
ナレーター　その時から、岩木山は火もけむりもたてない、おとなしい山になって、緑の木を、いっぱい茂らせるようになったし、ふもとには、たくさんの温泉が湧いて、村や町の人たちに喜ばれるようになったんだって。
　かっぱのひょうたんから出てくる水は、沼にあふれ川となり、金色の稲と真っ赤なりんごを、いっぱい実らせるようになったと。
（全員出て、歌「ひとりの手」をうたう）

へえよごす。おらさおぼされ

おわりに

二〇一一年三月十一日以降、まわりの世界が、ずいぶん違った色彩で見えるようになりました。第二次世界大戦後、私たちの先輩たちは、児童憲章を制定し、新しい時代の子育ての方向を示そうとしました。一九六〇年代を中心とする、一九五〇年代後半から一九七〇年代初めにかけての高度経済成長期を通して、多くの新しい保育園と幼稚園が次々に誕生していきました。

一九七三年のオイル・ショックを契機に、高度経済成長期は終わり、経済は低成長の時代に入っていきました。そして、景気の好不況の波を繰り返しながら、一九八〇年代後半から一九九一年冬までのバブル期と一九九一年春以後のバブル崩壊を経て、二〇一〇年には、国内総生産（ＧＤＰ）で中国に追い抜かれ、世界第二位の経済大国の看板を譲り渡しました。

高度経済成長期が終わった頃、私たちは、新しい暮らし方へ向けて舵を切るべき時期にいました。にもかかわらず、惰性のように、高度経済成長期に享受しようとした生活の合理化・近代化の方向を疑うことなく、さらに四十年近くも、追い続けたのでした。

三月十一日以降、私たちは、やっと暮らし方を変える原点に立とうとしているかに見えます。

私は、昨年三月十日に引っ越しをし、四月に、「ヒロシマ」の地に開校した小さな市立大学に勤務し、新鮮な目で平和教育を見つめ直す機会を得ました。この本の出版が、私たちの新しい一歩を踏み出す一助になればと祈念しています。

この本の出版に関わった者たちは、高度経済成長期が終わり、新しい暮らし方への模索が始まった頃に出会いました。

新田保育園は、一九七三年から多数の障がい児を受け入れるようになっていました。時を同じくして、この年、別子銅山は閉山しました。それからしばらく後、私は、新田保育園を訪ね、鉱山労働者たちが入った大浴場に浸かった記憶があります。その折、子どもたちが帰った保育室で、二人の保育者が、『かにむかし』の絵本を読み合わせ、生活発表会の劇の脚本を創っていました。初めての訪問で、最も印象に残った出来事でした。その後、新田保育園が障がい児保育の園内研究会を始めたので、一九七八年から、私は、後に金沢大学に行かれた障がい児教育の専門家である大井学先生を新居浜へ案内するという形で、月一回保育園へ行くことになりました。午後から夜にかけて研究会を行い、次の日午前中に保育を見て松山へ帰るという日程でした。当時、まだ鉱山住宅（長屋）が健在で、その一室が畳の保育室になっていたので、園の研究費で布団を買っていただき、そこへ泊ったことが思い出されます。

ひとなる書房の名古屋研一さんは、広島の松原さんが保育問題研究集会で報告された『かわいそうなぞう』の劇づくりを収録した書物（藤井編、1978）を担当した編集者でした。その頃に、私は、名古屋さんから、新田保育園の保育実践記録を論評する原稿「つたえあい・わかちあう力を育てる保育」（渡辺、1980）の執筆を依頼され、引き続き『発達を創る保育実践の心理学』（1982）を執筆することになりました。その本の「はじめに」に、「この三月、保育者の話す、『トンキー』と『ワンリィ』と『ジョン』の『かわいそうなぞう』のほんとうの物語に、涙をためる子どもたちに出会いました」と記しています。新田保育園が『かわいそうなぞう』の劇づくりに最初に取り組んだのが一九七七年でしたから、私は生活発表会で上演された『かわいそうなぞう』の観客の一人であったに違いありません。

二十五年前には、金沢大学の大井先生の助力を得て、新田保育園の障がい児保育の実践（落合＋新田保育園、1987）が、十二年前には、『新田保育園写真集　夢の砦 Part2　1949～2000』（新田保育園、2000）が、いずれもひとなる書房から出版されました。私も、この出版に関わった愉快な日々をつい昨日のように思い出すことができます。

この本が、四十年以上、新田保育園の園長を務めてこられた、おちあいみさお先生の傘寿の年、先生と田中真澄園長先生をはじめとする新田保育園の皆さん、新田保育園の保育実践を見続けてきたひとなる書房と名古屋研一さん、そして私、この三者の出会いを記念する形で、出版できることはとても嬉しいことです。

最後になりましたが、兵庫保育問題研究会前会長の田川浩三先生に、長年に渡って、新田保育園の劇づくりを、励まし続けていただいたことに対して、心からのお礼を申しあげます。先生は、新田保育園の劇づくりに温かいまなざしを注いでくださったばかりでなく、直接生活発表会の場に足を運んで、八ミリの記録を撮り、的確な助言を与えるなど、具体的な援助をしていただきました。さらに、この本においては、先生の考え方や助言を、さまざまな場所で引用させていただきました。

渡辺弘純

落合操+新田保育園『夢の砦—障害児と生きた鉱山の保育園の記録』ひとなる書房、一九八七年
新田保育園『新田保育園写真集　夢の砦 Part2　1949～2000』ひとなる書房、二〇〇〇年。
藤井敏彦編著『幼児期の平和教育』ささら書房、一九七八年
渡辺弘純「つたえあい・わかちあう力を育てる保育」『現代と保育8号』一九八〇年、一三五～一四三頁
渡辺弘純『発達を創る保育実践の心理学』ささら書房、一九八二年

新田保育所

生活発表会

劇づくり脚本集

年長	ばら	4月現在	5才	かわいそうなぞう
年中	すみれ	〃	4才	かにむかし
年少	もも	〃	3才	スイミー
未満児	さくら	〃	2才	三匹の山羊のガラガラドン
〃	はと	〃	1才	うさこちゃんと動物園

第22回全国保育問題研究集会

1983年2月10日～13日

昭和57年度 年長(ばらぐみ)
「かわいそうなぞう」脚本

金の星社
作・土家由岐雄
絵・武部本一郎

役割	セリフ	その他(曲小道具等)
ナレーター	今からばらぐみがかわいそうなぞうの劇をします	(1)〜(3)のバック 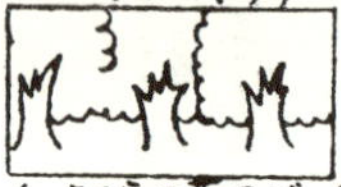 (さくらの花のバック)
	― 幕があく ―	
〈1〉ちょうちょ	あっさくらの花が咲いてきれいだね	
ちょうちょ	とってもきれいだね	ちょうちょ(舞台) ならんででる 
ちょうちょ	けんぶつ人がたくさん来てくれているね.	
ちょうちょ	むこうのほうへ行ってみましょう.	
〈2〉見物人	きれいなちょうちょがきたね.	Ⓐ 平和のぞう メナム　たくさん見物人が見に来てくれたね ジャンボー　力いっぱい芸とうをしよう インデラ　うんがんばって拍手をたくさんもらおう
見物人	ぞうが芸とうをしてたのしそうだね.	
見物人	ぞうのいるところへいってみましょう.	
見物人	うんそうしよう	
	Ⓐが入る	よつんばいででる ぞう(舞台) 
〈3〉おじさん	このおはかは動物園でしんだ動物達をおまつりしてあるおはかです。私は今までこのおはなしをしたことがありませんでした。でも.もう戦争がおこって動物たちが殺されたりしないようにお話をします聞いてください.	ぞうの全身運動 倒立(うさぎ) 
	― 幕 ―	・今のぞうの芸当  ひざを立つ ひざまづく
〈4〉ナレーター①	これからはじまるお話は戦争があったころのお話です	
ナレーター②	大変なことがおこりました 軍はみんなを戦争へと気持をかきたてるために動物達をつぎつぎにころせと命令をだしました.	・ナレーターは舞台前のつみきの上に立つ。
	― 幕があく ―	相談の場面(舞台) 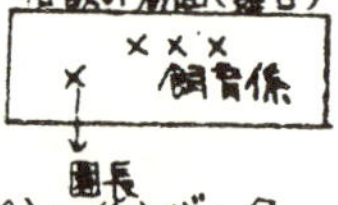
園長	動物達を殺しなさい.	
飼育係	いやです.殺すのはいやです.	(4)〜(14)のバック 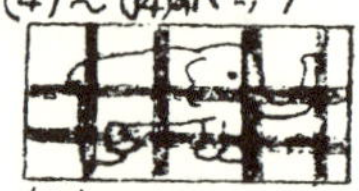
飼育係	どの動物達も可愛がってきたのにそんなことは出来ません	
飼育係	園長.どうしてですか.	(ぞうがおりに入っているところ)

園　長	軍の命令で しかたが ないんだ.	
飼育係	それじゃ かわいそうです.	
飼育係	いやです.	
園　長	戦争が はげしくなって爆弾が落ちて おりが こわされたら大変な ことに なります.	
飼育係	私たちには 出来ません.	
飼育係	殺さないで ください.	
園　長	命令です. （沈黙）	動物が殺される場面(舞台) ■……→つみき(この上でへびが死ぬ) ——— 銃で殺される動物 ------- 毒 〃 〃 〃
飼育係	毒を のませて殺そう うんそうしよう （全員かえる）	
<5> ナレーター	つぎつぎに 動物達が殺されていきました. 鉄砲で殺される 動物も いました.	
動物達	（二匹は銃で殺される）・ひょう・くま＞無言で銃殺 （四匹は毒を のまされて）・チーター たすけてくれ ・トラ 苦しいよう ・大蛇……水をくれ——・ライオン→えさを くれ——	曲・動物の表現は日頃の全身運動をとり入れて 子ども独自又集団で 工夫する
	幕	
<6>	幕 あ く	ジョンを殺す場面(舞台)
ナレーター	つぎに ジョンが殺されることに なりました.	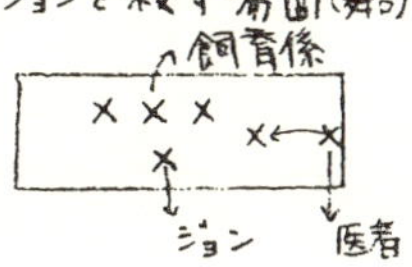
飼育係	ジョン じゃがいもを おたべ. (ジョンは じゃがいもを なげる)	
飼育係	ジョンは毒の入った ジャガイモを 知っているんだ.	
飼育係	そうだね.	
飼育係	どうやって殺そうか	
飼育係	そうだ お医者さんに 頼もう	
飼育係	うん そうしよう （医者がでてきて）	
飼育係	お願いします.	
医　者	はい. （注射をうつ）	
医　者	だめだ ぞうの皮は とても厚くて どの針もポキポキと折れてしまいます	
飼育係	ありがとう ございました.	
飼育係	仕方がない えさをやらずに 殺すことにしよう.	

<7> ナレーター	(ジョンが死んでいく) かわいそうに。ジョンは13日めにしんでしまいました。	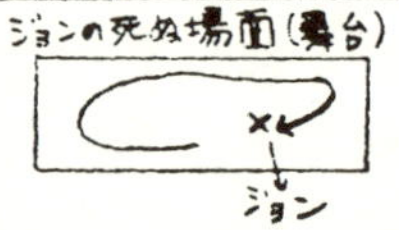
	幕	
<8> ナレーター	つづいて、トンキーとワンリーのばんです。この2頭のぞうは、かわいい目をじっとみはった心のやさしいぞうでした。	
	幕あく	
飼育係	トンキーもワンリーもとってもかわいいね。 トンキーもワンリーもなんとかして助けてやりたいね。 そうだ仙台の動物園におくろう うんそうしよう。 園長にお願いしてみましょ (走って園長のところに行く。園長は舞台の端まで飼育係に手をひかれてやってくる 園長 仙台の動物園に電話して下さい	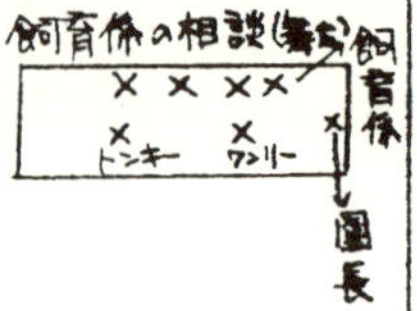
園長	そうだな (少し考えて) よし電話をしてみよう。	
飼育係 全員	おねがいします。 (園長がいなくなり、みんな待っている) トンキーもワンリーも助かるといいねー。。 トンキーもワンリーもずっと生きていてほしいね。 よかったね(体をなでながら) (園長がとんで来て)	
園長	みんなよろこんでくれ 仙台の動物園であずかってくれるよ。	
飼育係	ヤッタ。。 よかったね。	
園長	汽車にのせておくることにしよう。	
飼育係	トンキー ワンリー、助かるぞ よかったねー よかったねー	
	幕	
<9> ナレーター	しかしそのことが軍にしられてトンキーもワンリーもおくれなくなりました。	

―― 幕あく ――

（残念そうに 飼育係は トンキーとワンリーの前に立つ

飼育係　トンキーも ワンリーも 助かると思ったのに—
しかたがない 上野の動物園で殺そう。
うん そうしよう
（飼育係 退場）

トンキー　芸とうをして 昔のように えさを もらおう

ワンリー　うん そうしよう

トンキー　えさを 下さい

ワンリー　水を 下さい。

飼育係　あっ ぞうが芸とうをしている
おなかがすいて たまらないんだ
ごめんね えさは やれないんだ。
もう 我慢できない えさを やろう。
水を やろう
さあたべろ たべろ
水も のんで おくれ

芸とうをするところ（舞台）

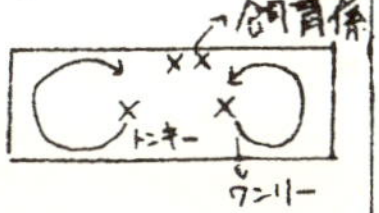

芸とう…鼻をのばしたり、足ののびない全身運動のうさぎをする。（拍手）

―― 幕 ――

―― 幕あく ――

〈11〉
飼育係　さあ トンキー ワンリー おたべ（みんなにかくれてやる様子）
神様どうか トンキーと ワンリーを 助けて下さい。

ナレーター　一日でも 長く 生かしておけば 助かるのではないかと
どの人も 心の中で お願いをしていました。

（舞台）
トンキー、ワンリーが死ぬところ

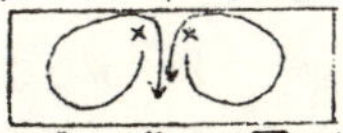

ワンリーが先に 2頭が よりそって 死ぬ
曲・「運命」

〈12〉
ナレーター　えさをやらない日が 続きました。

ワンリー　えさを下さい。

トンキー　水を下さい。（舞台せましと表現する）
（トンキー ワンリーが 死ぬ）

〈13〉
ナレーター　ワンリーは 十幾日目に トンキーは 二十幾日目に
どちらも ばんざいの芸当を したままで 死んでいました。

飼育係　トンキー ワンリー トンキー ワンリー……
あっ 死んでる
ぞうが死んだー ぞうが死んだー

飼育係全員　えーなんだって トンキーワンリー トンキーワンリー

（舞台）
飼育係があつまるところ

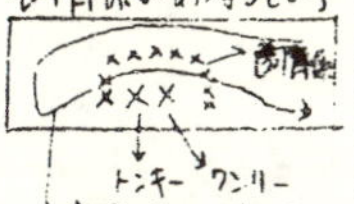

飼育係が叫び みんながトンキー ワンリーのところにあつまる

飼育係	かわいそうに。 ばんざいの芸とうをしたまま死んでいる。 本当にお腹がすいていたんだね。 やせてしまって目がとびだしてきたね。 （ぞうの歌をうたう）	曲・季刊55号参照 保育問題研究
<14> 飼育係	とうとう 動物園に なにも いなくなったね。 これから ぼくたち どうなるんだろう。	
	——幕——	
<15> ナレーター	このあと 戦争は はげしくなって 日本中に 爆弾が 雨のようにふり落されてきました。	
	——幕があく——	
昔の人	あぶない みんな 逃げろ 逃げろ ー こわいよー （爆弾が 落ちる） いたいよー （死ぬ） 水…… たすけてくれー おかあさんー 大丈夫か 何をしているんだ 逃げろ 逃げろ おかあさん	絵本 「猫は生きている」等 参考にしながら。 戦争の場面（舞台） 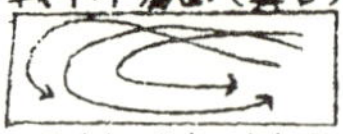 みんなが走りまわる。
	——幕——	
	——幕あく——	
<16> 子ども 1. 〃 2 3 4 全員	たくさんの動物たちが 戦争のために殺されました たくさんの人が 戦争のために死にました もう死ぬのはいやです。 動物たちだって ぞうだって 人間だって みんな みんな生きたいんだ。ぞうを殺したのは誰れ。 ぞうを殺したのは誰れ。 戦争はいやだ。 戦争は いやだ。	最後の場面（舞台） 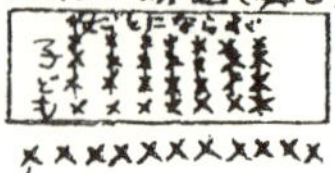 →保母 ○最後に歌いながら でてくる。
職員歌	『明日への伝言』子どもと一緒 1番 2・4 全員 3〃 独唱・ハミング ——終——	

「かにむかし」脚本　岩波の子どもの本
年中（すみれぐみ）　文・木下順二
絵・清水崑

役割	セリフ	その他（曲・小道具）
＜第一幕＞	幕あく	
ナレーター	むかしむかし かにが 潮くみを しようと思うて、浜辺へ出たところが 砂の上に どこから どうしてきたもんだか 一粒の 柿の種が落ちておった。	愛媛県立保専 リズム曲集「かに」
親がに 1	あっ かきの種が 落ちている。	かきの種
2	どこから きたんだろう。	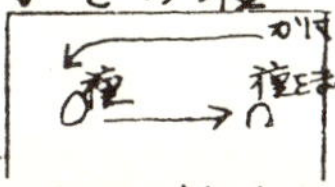
3	いっちょ、うちの庭に まいてみよう。	
1, 2	私達は 水を やろう	おけ人数分
3, 4	私達は こやしを やろう	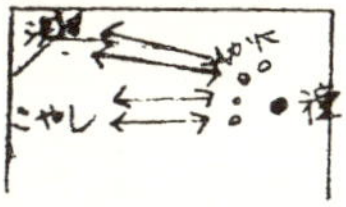
全員	はよう芽を出せ、かきの種。ださんと はさみで ほじりだすぞ。	
1	あっ 芽が出たよ。よかったね。	かきの芽を出す
2, 3, 4	本当によかったね	
2	また 水をやろう、こやしを やろう。	
全員	はよう木になれ かきの芽、ならんと はさみで つまみきるぞ。	
3	大きな 木に なったぞ	実のついていない柿の木
全員	やったあー！	
4	もっと 水をやろう こやしを やろう。	
全員	はよう 実をならかせ かきの木 ならかさんとはさみで ぶったぎるぞ。	
1	あっ かきの 実が ついたぞ	青い実のついた柿の木
2	こんどこそしまいだ もっと 水をやろう、こやしをやろう。	
全員	はよう うれろ かきの実 うれんと ハサミで もぎり切るぞ	
3	実がついたぞ。	青いのと赤い実のまじった柿の木

4.	はよう はいのぼって もごう。	
1.	とれないなあ。	
全員	どうしよう。	
さる1	かにどん かにどん なにを しちょる。	
親がに1	おら やっと かきの実が うれたで、はよう はいのぼって もごうかと 思うが 気がせくもんで。	
2.	なかなか足が 言うことを 聞かんもんで。じゅくじゅく。	
さる2	よし そんなら おらがもいで やろうか。	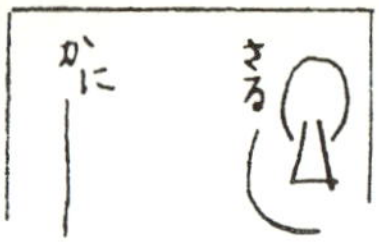
ナレーター	というたが 早いか がちがちと かきの木の てっぺんへ かけのぼって まっかに うれた 大きな かきを 目にも とまらんように つぎつぎに くいはじめた。	
さる3,4	ああ うまか うまか。	
親がに3	おおい さるどん おらの かきの木を おまえは また なんだ それは。	
4.	やあぃ いっちょぐらい こらもいで よこさんか おおい。	
さる全員	なんだ よし ほれ！	年によっては青い実を投げる
ナレーター	さるは まだ青い顔をして 重たそうに ゆれておった。大きな かきを いきなり ひんむいで ピューンと なげつけた。するとその かきは かにの こうらに どすんと 当って かには べしゃりと つぶれて しもうた。	5ヴは 投げたつもりの表現 
子がに	お母さん、お母さん、お母さん…… (走り出る)	

幕

第二幕

幕あく

ナレーター	かにの子どもたちは、きびをまいて きびが 実ると きびだんごを 作った	
子がに1	おかあさんの かたきうちに さるの ばんばへ 行こう。	
2.	きびだんごを もって いこう。	→ リズム曲集「かに」
3.	さあ 行こう。 (くり登場)	くり 前転 ころがるような曲
ばんばんぐり	かにどん かにどん どこへ行く	
子がに	さるの ばんばへ あだうちに。	

くり	こしにつけとるのは そら なんだ	Ⓐ 向答は以下同じ
子がに	日本一の きびだんご	
くり	いっちょ くだはり なかまに なろう	
子がに	なかまに なるなら やろうたい。	
	(かにの曲で くりと、かにが その場で歩く)	
	(はち登場) ブーンと とんでくるような曲	
はち	子がにと向答する	〕Ⓐに同じ
	(はちの曲に合わせ 子がにとくりは その場で走り はちは一周する)	
	(うしのふん 登場)	
うしのふん	子がにと 向答をする	〕Ⓐに同じ
	(子がに、くり、はちは その場で 山登りをし うしのふんは、一周する)	
	(はぜぼう登場)	(リズム曲集 けんけん
はぜぼう	子がにと 向答する	〕Ⓐに同じ
	(かにの曲にあわせて 全員が一周する)	
	(石うす登場)	
石うす	子がにと 向答する	〕Ⓐに同じ
	(かにの曲にあわせて 歩き 途中 止めて 走ったり 山登りをしてから 退場する)	

―――――――― 幕 ――――――――

＜第三幕＞

―――――――― 幕あく ――――――――

ナレーター	みんなが さるの ばんばについて 中をのぞいてみると さるは ちょうど 出かけて るすであった。
子がに 1.	さるはいないぞ 早く おいで.
くり 1	わたしたちは どこへ かくれようか.?
2	いろりの 灰の中に もぐっていよう.
子がに 2.	私達は どこへ かくれようか ?
3	水おけの中に 沈んでいよう.
はち 1	ぼくたちは どこへ かくれようか ?
2	戸口の かもいの所に そっと とまっていよう.
うしのふん 1	ぼくたちは どこへ かくれようか?
2	そうだ しきいの そとの ところに すわっていよう.

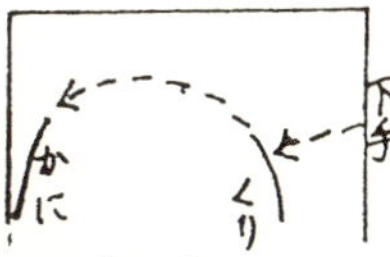

きびだんご渡す年もあるが今年は障害児のためにもっもり活動

両手を後にして羽をつくり小走り

うしのふん 蛙とび

舞台が狭いので一周したつもりで走ったりして そのつもりを表現する年もあります

はぜ棒 けんけん

石うす

足をまげて両手でかかえる姿勢で横にころがる.

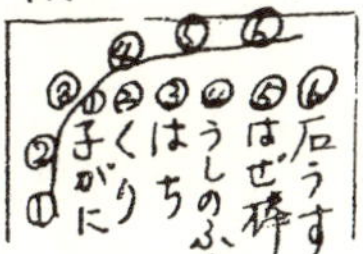

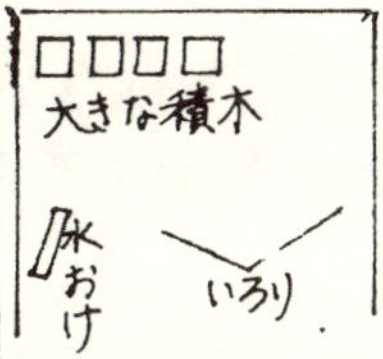

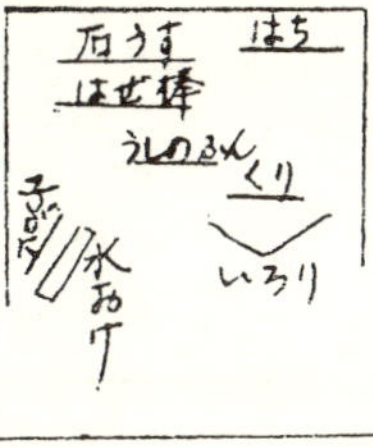

	（石うすと はぜぼう 一しょに登場する）	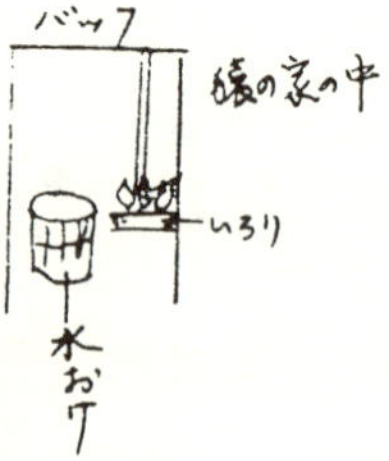
石うす 1.	ぼくたちは どこに かくれようか？	
2.	はぜぼうに つきあげて もらおう	
3.	はぜぼう いいかい？	
はぜぼう 1.	うんいいよ 力があるから 大丈夫。	
2.	うしのふんの わきに 立っていよう。	
ナレーター	みんながそれぞれ おうたところに 静まり返って うんときばって 待っておると さるは どこからか ひょいひょいと とんでもどってきた。	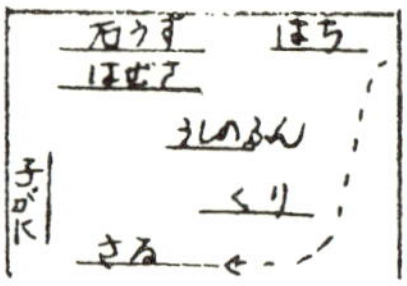
さる 1	ああ さむか さむか	
2	いろりのところで 背中を あぶろう	
3	火をつけて あたろう	
4	そうしよう	
ぱんぱんぐり 1	もうがまん できない! さるの背中に はねくり返ってやろう。	背中を 両手で 押す
さる全員	キャー イタイ. イタイ. イタイ.	水おけの中に 手を入れる
子がに 1	よくも お母さんを殺したな。	人さし指中指でハサミをつくり切る
2	体中を はさみで 切って やろう	
3	お母さんの かたきうちだ。	
子がに全員	それ一!	
さる全員	イタイタイタイタイ……	
は　ち	じーんと するほど さしてやる エイ——!	
さる全員	うわー 助けてくれ——	うしのふんの所ですべる
〃	これは何だ—!	
うしのふん	うしのふんだ—。	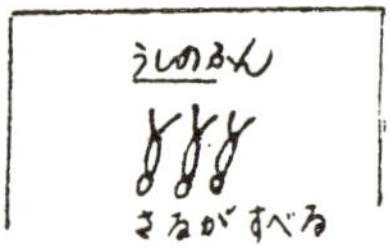
はぜぼう	よーし とっちめてやる これでもか!	
さる全員	もう やめてくれ——!	
石うす	上から おちてやろう	
〃	これでどうだー!	
全　員	大きな 大きな 石うすが ドシーンとおちて来て さるは ひらとうへしゃげてしもうた そうな	
	幕	

	「スイミー」脚本 年少（ももぐみ）3・4才児	好学社 レオ＝レオニ 訳 谷川俊太郎
役割	セリフ	その他（曲・小道具等）
ナレーター	ひろい海のどこかに小さな魚のきょうだいたちが楽しくくらしていました。	→愛媛県立保専 リズム曲集 「泳ぐ」
	幕あく （スイミー泳ぎながら登場）	バック 
スイミー 1.	ぼくたちは、からすがいよりもまっくろだぞ。	
2.	でも泳ぐのは、だれよりも早いんだ。	泳ぐ時の体の表現は手を前に出し泳ぐふりをする
3	なまえは スイミー	
4.	おーい 赤い魚たち 出ておいで	
赤い魚全員	ハーイ。 （赤い魚泳ぎながら登場）	
赤い魚 1	わたしたちは赤い魚です。	
2.	みんなであそぼうよ。	
スイミー 5	なにしてあそぶ？	
赤い魚 3	かくれんぼしよう。	
4.	うん そうしょう。 （スイミーと赤い魚は集まってジャンケンをする）	
まけた魚	あ、おにだ	
他の魚	かくれよう （他の魚は岩かげにかくれる 鬼は下手で目をふさぐ）	
鬼の魚・全	もういいかい。	ブロックを土台として岩を作る
他の魚・全	まだだよ	
鬼の魚・全	もういいかい	
他の魚 全	もういいよ （鬼役の魚は かくれている魚を見付ける）	
鬼の魚 全	みつけた	
他の魚	みつかった。 （スイミー退場 赤い魚は舞台の上に立つ）	

	(まぐろ 泳ぎながら登場)	
まぐろ 1.	ぼくたちは 海の中で一番大きな まぐろだ。	リズム曲集「泳ぐ」 一オクターブ下げる ゆっくり ひく。
2	あ、赤い魚だ 食べてやろう。	
	(赤い魚たちは その場で泳ぐ まぐろは 泳いでいる赤い魚の間をぬって反対側へ泳いでいく)	
	(曲の合図で 赤い魚は その場にうつぶせになって寝る。まぐろは並ぶ)	立ったまま泳ぐふりをする (赤い魚)
まぐろ 3	一匹残らずのみこんだ。	
4	おなかが 大きくなったぞ	
5.	さあかえろう。	
	(まぐろ泳ぎながら退場)	
	――幕――	
ナレーター	スイミーは こわかった。とても さびしかった。けれども 赤い魚の きょうだいたちを 探しに 泳いで 行きました	リズム曲集「泳ぐ」 一オクターブ上げる ゆっくりひく
	――幕あく――	
	(スイミー泳ぎながら登場) (スイミーは 所定の位置に止まる。くらげ登場)	
くらげ 1.	わたしたちは、にじ色の ゼリーのような くらげです。	クラゲのようなゆっくりした曲(創作曲) 手にシルバーテープを手にしてチョウチョウの表現をする。
2	スイミー どうしたの 元気が ないね。	
スイミー 4	みんな まぐろに 食べられてしまったの。	
くらげ 3	元気をおだし。海には、ともだちが たくさん いるよ。	
2	さがしてごらん。	
スイミー全	ありがとうくらげさん。	
	(くらげ退場・スイミーは泳いで ひとまわりする。) (いせえび登場)	
いせえび 1.	ぼくたちは 水中ブルドーザー みたいな いせえびだぞ	リズム曲集「カニ」
スイミー 2	いせえびさん ぼくの ともだちを知らない。	
いせえび 2	しらないね。	
3	ぼくたちは 家を建てているから いそがしいんだよ	
1.	あっちを 探して ごらん	
スイミー全	ありがとう いせえびさん	
	(いせえび退場。スイミーは泳いで ひとまわりする) (こんぶ・わかめ登場)	緑の布で作ったこんぶを手に持って上〜下へとふる
こんぶ・わかめ1	わたしたちは、ドロップみたいな岩から生えているこんぶや わかめよ	
スイミー 3	こんぶや わかめさん ぼくの友だちを 知らない?	
こんぶ・わかめ2	しらないよ。	

こんぶわかめ 3	さっき うなぎさんが とおったよ	
2	うなぎさんに 聞いて ごらん	
スイミー 全	ありがとう こんぶや わかめさん。	
	(こんぶ・わかめ退場・スイミーは泳いでひとまわりする)	
	うなぎ登場	
うなぎ 1	わたしたちは、顔をみるころには、しっぽを忘れるほど長い長いうなぎです	…ピアノを高音にひいていく
スイミー 1	うなぎさん、ぼくの友達を知らない?	ひもをたばねて その上から黒テープで巻きうなぎを作る それを子どもが持って登場 
うなぎ 2.	知ってるよ むこうの岩かげで見たよ.	
3.	赤い魚が たくさんいたよ、さがしてごらん.	
スイミー 全	ありがとう うなぎさん	
	(うなぎ退場、スイミーは泳いで赤い魚を見付ける)	
スイミー 全	あ、赤い魚がいた	
スイミー 5	オーイ 赤い魚 出ておいで	
赤い魚 5	だめだよ、大きい魚に食べられてしまうよ。	
スイミー 4.	だけど いつまでも そこにおれないよ.	
スイミー 赤い魚 全員	こまったなあ.	
	(スイミーと赤い魚たちは考えながら舞台へ出てくる)	
赤い魚 3	何かいい考えは、ないかなあ	
スイミー	そうだ みんなで大きな魚になればいいんだ	
赤い魚 3	うん そうしよう.	
	幕	
	(・こんぶ わかめは上手の岩の前に立つ.	赤いヒモ一本を使って魚の型を作る 
	・目の役になるスイミー一人、その他のスイミー・くらげ、いせえび・うなぎ役の子ども達全員で赤い魚になり 魚の形を表わす ひもの前に並んで立つ)	
	(魚たちがピアノに合わせて その場で泳ぐうち	
	幕あく	
赤い魚 1.	自分の持ち場を守ること	
2.	決して はなればなれに ならないこと。	
3.	やくそくを 守って 泳ごう	

スイミー	ぼくが目になろう （合図で魚たちはひもを持って大きな魚の形をつくる） （まぐろ泳ぎながら登場）	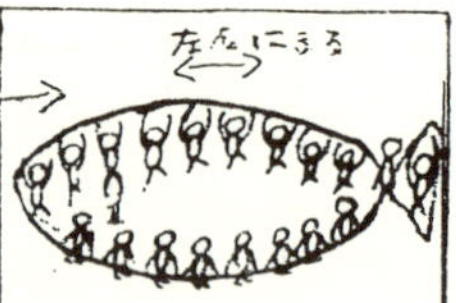
まぐろ1	あ、大きな魚だ。	
2 全員	あ、大きな魚だ。 にげろ にげろ。 （まぐろ泳ぎながら退場）	註、ひもでの表現は"むすび座"の舞台からヒントをもらいました。
魚たち全員	みんなで大きな魚をおいだした。	
赤い魚	みんなで泳ごう。 （魚たちはピアノに合わせて大きな魚の形をつくったひもを左右にゆらせるうちに	
	幕	
〔註〕	若い保母が 中四国おやこ劇場青年交流会で学んだこと 指導 しかた・しん（児童文学者）	1982" 1/14.15.16日より
	台本〜上演まで	
①けんか	対立するものを書く	
②けんか→	こうして→こうなった ・ストーリーの明快さ ・対立の明確さ（形になっていること） ・意外性をもりこむ （ハッとする・ドキッとする・ありゃありゃ・おや!!等）	
③話しの筋を考えていく（テーマ）	登場人物・題材等	
④体を動かせながらセリフを考えていく	◎セリフは自分の気持をこめて体で表現して→セリフにむける 無理やりセリフを教えると体が動かなくなる	
⑤上演		

「三匹の山羊のガラガラドン」脚本
（さくらぐみ）2・3才児

福音館書店
北欧民話
え・マーシャブラウン
やく・せた ていじ

役割	セリフ	その他（曲・小道具等）
	（幕が閉まったままで全員で「三匹の山羊のガラガラドン」のうたをうたう	バック  （森と岩のバック）
ナレーター	昔 三匹の山羊が住んでいました。名前をどれもガラガラドンと言いました。山の草場で太ろうと山を登っていきますが 途中に橋があって そこを渡らなければなりません。橋の下には きみの悪いトロルが住んでいました。まず小さい山羊のガラガラドンが橋を渡りにやってきました。	舞台設定 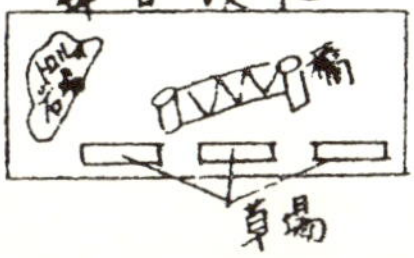
	幕あく	
	（トロル登場）	曲・愛媛県立保育専門学校リズム曲集「13番くま」
トロル	こわーいトロルだぞ。 （いすに座る）	
	（小さい山羊登場） （一列になってひとさし指で角をつくり歩いてくる） （拍子木の音に合わせて橋を渡る）	トロルの出ていき方 
トロル	（立ち上って） 誰だ!! おれの橋をガタゴトさせる奴はー	山羊の出ていき方 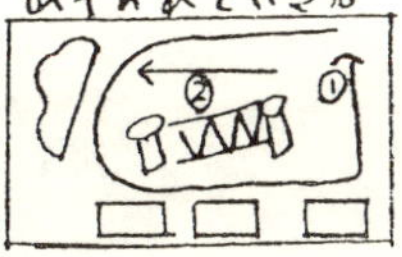
小さい山羊	小さい山羊のガラガラドンだ	
トロル	よーし。きさまをひとのみにしてやろう	
小さい山羊	おっと食べないでおくれ 少し待てば 二番目山羊のガラガラドンがくるよ	
トロル	そんなら とっとと行ってしまえ。 （小さい山羊退場）	
ナレーター	しばらくして 二番目山羊の ガラガラドンが。橋を渡りに やって来ました。	

	（二番目山羊登場）	
	（普通の高さの音で小さい山羊より力強く同じように出てくる）	
	（拍子木の音に合わせて橋を渡る）	
トロル	（立ち上って）	
	誰だ‼ おれの橋をガタゴトさせる奴は―	
二番目山羊	二番目山羊のガラガラドンだ	
トロル	よーし きさまを ひとのみにしてやろう．	
二番目山羊	おっと食べないでおくれ．少し待てば大きい山羊のガラガラドンがくるよ．ボクよりずーっと大きいよ．	
トロル	そんなら とっとと行ってしまえ―	
	（二番目山羊退場）	
ナレーター	ところが その時．もうやってきたのが 大きい山羊のガラガラドンです．	
	（大きい山羊登場）	
	（足も大きくふり上げて 出て来る	
	（拍子木の音に合わせて橋を渡る）	
トロル	誰だ‼ おれの橋をガタゴトさせるやつは！．	
大きい山羊	大きい山羊の ガラガラドンだ―．	
トロル	よーし きさまを ひとのみにしてやろう．	
大きい山羊	この やりで 目玉を でんがくざしにしてやるぞ．さー こい．	
	・（曲に合せて舞台をぐるぐる走り回る）	
	（ピアノの音でトロルは橋の所へうつぶせて倒れる）	
	（二番目山羊・小さい山羊が登場し みんなで喜ぶ）	
ナレーター	とうとうトロルは．谷川へ落ちてしまいました．山羊たちは山へ登ってゆきました．	
	（大きい山羊・二番目山羊．小さい山羊全員．草場で座って草を食べる．	
ナレーター	山羊たちは とても太って家へ歩いて帰るのも．やっとのこと．もしも油が ぬけていなければ まだ太っているはずですよ．そこで（お腹の大きくなった様子を示す	
		つづく 大きい山羊 二番目山羊 小さい山羊 （声を合せて）
		チョッキン パッチン スットン おはなし おしまい．
		―― 幕 ――
		おわり

「うさこちゃんと動物園」
(はとぐみ) 1・2才児

福音館書店
文・絵 ディック・ブルーナ
訳 いしい ももこ

役割	セリフ	その他(曲・小道具等)
	——幕あく——	
保母	うさこちゃん おいで	愛媛県立保専 リズム曲集「うさぎ」 バック 
お父さん うさぎ うさこちゃん	ハーイ	
お父さんうさぎ	動物園に行こう。	お父さんうさぎ うさこちゃん登場 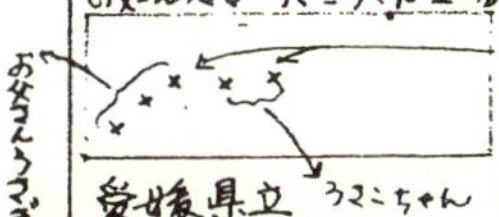
うさこちゃん	うれしい うれしい 万歳	
お父さんうさぎ	汽車に のっていこう。	愛媛県立 保専リズム曲集「汽車」 汽車になって退場
うさこちゃん	ハーイ (汽車に なって退場)	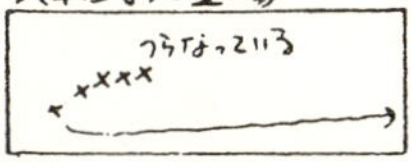
保母	動物園に つきました。	
	(ライオン 登場)	ライオン登場 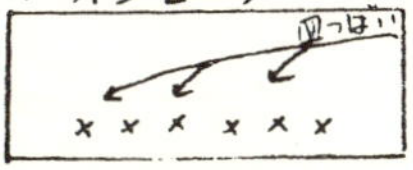
観客	こんにちは	
ライオン	こんにちは	
	(うたをうたう)♪ ライオンの口は大きいぞ オットットット このくらい♪ (2回 うたう)	ライオン退場 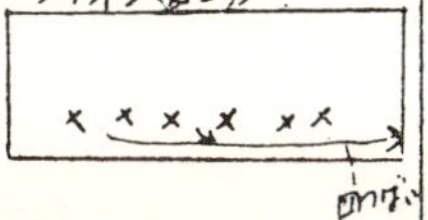
	(ライオン退場)	
	——幕——	
	——幕あく——	
	(全員汽車に なって登場)	保専リズム曲集「汽車」 全員汽車になって登場 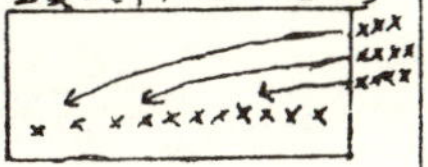
保母	ぞうも見ました。ライオンも みました そして夕方になり うさこちゃんは 汽車に乗って お家に帰りました。	
子どもたち	さようなら	
	全員で ライオンの うたを うたう。	
	——幕——	

【編者紹介】
おちあい　みさお
1932年　愛媛県新居浜市川口新田に生まれる
1949年　新田保育園開設と同時に保育者となる
1955年　愛媛県立保育専門学校卒業
1965年～ 2007年　新田保育園園長
1988年～現在　社会福祉法人角野新田福祉会理事長

新田保育園（しんでんほいくえん）
1949年　住友鉱山住宅の地に開設
1950年　愛媛県より認可承認
1985年　社会福祉法人角野新田福祉会設立認可
1986年　新田保育園設立認可（現在に至る）
園長　　田中真澄
住所　〒792-0844　愛媛県新居浜市角野新田町三丁目12－51

渡辺　弘純（わたなべ　ひろずみ）
1944年　愛媛県・四万十川上流の集落に生まれる
1967年　東京教育大学教育学部心理学科卒業
1971年～ 2010年　愛媛大学教育学部勤務
現　在　福山市立大学教授
　　　　愛媛大学名誉教授・教育学博士

装幀　やまだみちひろ

幼児期の劇づくりと平和教育
『かわいそうなぞう』を手がかりに

2012年 6 月15日　初版発行

おちあいみさお
編著者　新 田 保 育 園
渡 辺 弘 純
発行者　名 古 屋　研 一

発行所　㈱ひとなる書房
東京都文京区本郷2-17-13
広和レジデンス
TEL 03（3811）1372
FAX 03（3811）1383
E-mail：hitonaru@alles.or.jp